勝安房〈日本のビスマルク〉

――高潔な人生の物語

Katz Awa, "The Bismarck of Japan", or the Story of a Noble Life

JN064035

凡例

1．（　）括弧は原著のまま用いた。

2．［　］括弧は訳者による補足もしくは事実関係の訂正。日本語の単なる音訳間違い等については断り無しに訂正したものもある。

3．原著の引用符のうち、強調の意味で用いられている場合は原則として傍点を付し、他者の発言、著作物、書簡の引用等の場合は「　」（著作の場合は『　』）括弧を用いたが、固有名詞等の場合には括弧を付していない。長文の引用は段落を下げている場合もある。

4．小数字を付した注はすべて訳者による。

5．聖書の書名ならびに本文引用・参照にあたっては日本聖書協会新共同訳に準拠し、書名と章・節を［　］括弧内に示す。

訳者まえがき

明治初期の静岡学問所で教えたエドワード・ウォレン・クラークについては、「少年よ、大志を抱け」で知られる札幌農学校のウィリアム・スミス・クラークからの連想で、「静岡のクラーク先生」とか「もう一人のクラーク」などと呼ばれることがあります。残念ながら札幌のクラーク先生に比べて静岡のクラーク先生は全国的には無名で、一時期テレビでドキュメンタリーが放映されたため話題になったことはありましたが、現在では静岡でも知る人がごく少なくなってしまいました。しかし二十二歳の若さで来日し、西洋文明伝達のパイオニアとして懸命に働いた彼の功績は、札幌のクラークや、福井のグリフィス、熊本のジェーンズなど、ゆかりの地で顕彰が続けられている他のお雇い外国人と比べても、けっして引けを取るものではありません。今のような軽視状況を少しでも改善したいと考える人々が集まり、E・W・クラークの足跡を掘り起こそうとする活動の一環として、この訳書は生まれました。

クラークの著書については『日本滞在記』が一九六七年に飯田宏氏の訳で出版されていますが、勝海舟の小伝である本書は、雑誌の連載や自費出版の形などで訳されたことがあるだけで、掲載の写真も含めた完訳版は初めての出版となります。執筆時の様々な制約から細かい史実については間違いも少なくありませんが、日本への赴任から帰国後の活動まで、人生のいくつかの節目で著者を支えてくれた勝海舟への深い敬愛の念と、若き情熱を注ぎ込んだ静岡の地への強い思いが込もった作品です。本書は日露戦争期のアメリカでよく読まれ、明治期の日米関係における知られざるエピソードを知る上でも、興味深い書となっています。幸い、日本近世史を専門とする岡村龍男氏による特別寄稿もいただけましたので、事実関係はそちらで補っていただくことで、本書が生誕二百周年を迎えた勝海舟へのさらなる評価と、クラークの（再）発見に繋がることを祈っております。

目次

庭の入り口に立つ勝安房と徳川家達（右が勝）
（著者撮影。本文 51 ページ参照）

大日本の近現代史における最も高潔な人物の一人について、この簡潔なる伝記の一例を日本の子供たちに捧げる。かつてその子たちの幾人かを教え、追憶と希望の中で、今もなおその子ら皆を愛している、
「クラークサマ」、「シズオカセンセイ」より。

一九〇四年のクリスマスに。

第一章　序

勝安房《かつあわ》とは何者か。

クリスチャンか。――答えは「ノー」である。
西洋文明国の出身か。――これも「ノー」
教会、大学、図書館で修養や研鑽を積んだ人物か。――これまた「ノー」

クリスチャンでもなければ、いわゆる西洋文明において教養を培われたのでもない。優れた身体能力も格別の武勲もなく、ギリシア・ローマの古典文学に精通しているわけでもない。そんな人物が何者たり得るというのか。

そう問われれば、まずこう答えよう。勝安房はわたしが敬愛する人物である。異教の地であれキリスト教国であれ、わたしは幾人もの偉大な人物と相見《あいまみ》えたが、これまでの人生で出会った中で、これほど感謝と尊敬に値する人はいなかった。

わたしがこれほど勝を好ましく思うのは、おそらく誰よりも彼のことを理解しているからであろう。その勝安房が他界［一八九九年一月］してから、まだそれほど年月が経っていない。彼は生前先祖を篤く敬ったが、今はその先祖たちと共に眠っている。今こそ、勝から最後に与えられた特権を用いる時であろう。［日本再訪の折に］わたしは東京にある勝の質素な自宅を訪ねた。その際に、勝の生涯を文章にまとめる許しを得ていたのだ。

これは伝記ではなく、その実直《シンプル》な生涯を簡潔《シンプル》にまとめたものである。勝は富《ウェルス》ではなく価値《ワース》を追求することに人生をかけた。人生において切実に願い、熱心に追求すべきものはいくつもあるが、それらは物欲とは無関係だということを身をもって示した。そして祖国日本のみならず、日本を通じて世界にもその名を馳せた。

そうは言っても、その人はクリスチャンではないのだろう？　そう問われる向きもあるかもしれない。

いかにも。勝はクリスチャンではない。しかし己を低くしたナザレのイエスの本質をよく表している。わたしはこれまでに地球を三周した。旅行中に出会ったいかなる人物と比べても、勝ほど、かのナザレ人《びと》の本質をよく表す者はいなかった。

勝安房は柔和で辛抱強く、筆舌に尽くしがたい自己犠牲を払った。人の嫌がることにも信念を持って取り組み、最初はなかなか理解されなかった。危機に際しては勇敢に振る舞い、苦難を黙って耐え忍んだ。死をも恐れぬ大胆さの一方、用心深い指導者の面もあった。すなわち、この人には初めから国家再生の立役者となる資質が備わっていたのである。「一つの国が一日で生まれ」るという預言［イザヤ書六六章八節］が示す傑出した国家再生者の資質である。

全知全能の神は異教徒キュロス二世［古代ペルシャの王］にこう言われた。「わたしはあなたに力を与えたが、あなたは知らなかった」［同四五章五節］。この勝安房という男は、知らず知らずのうちに神に仕えていたのである。死の直前に神を垣間見て、神の限りなき美しさと恵みを認め、喜びを見出した。こうした例は、過去にも見られる。神は人智の及ばないやり方で、［バビロン捕囚からユダヤ人を解放した］キュロス二世を用いられた。神が同様のやり方で勝を用いられたのは、疑いようがない。そうでないと言うなら、ギリシアのアレオパゴスにおけるパウロの説教を理解していないことになる［使徒言行録十七章二三節］。

それでもなお、西欧文明国生まれではないのにそれほど偉大な人物が本当にいるのか、と疑問に思われるかもしれない。わたしはためらわず、こう答える。それがいるのだ。

一八五四年にアメリカは何事にもそつがなく礼節を重んじるペリーを日本に送り、閉ざされた門をこじあけることとなった。そこにはアメリカ人が思う以上に開くべきものがあった。時は流れ、一八七一年になってから、わたしを含む三人のアメリカ人教師[1]が同時期にこの隠された事実を知った。われわれ三人は、いわゆる文明の導き手として日本に遣わされ、それぞれ三百マイル離れた土地で暮らしていた。ちょうど日本の封建時代が終わりを迎えていた。三人の教師は同じ時期に一年以上も日本で暮らしていたのだが、その間、自分以外の白人に会うことも、耳になじんだ英語の響きを聞くこともなかった。

鉄道も電信もビーフステーキもない。それでも、これだけは分かった。かつての日本にも、わたしたちがあるとは思わなかったものがたくさんあった。道徳、社会、物質においても、アメリカ人が求めてしかるべき要素はいくつかあった。勝安房は、三人の教師のうち二人［クラークとグリフィス］を日本の東海岸と西海岸の片田舎［静岡と福井］にそれぞれ配属し、励ましたり相談に乗ったりした。静岡にはわたしが住むのに適した家がなかった。静岡は将軍［徳川慶《よし》喜《のぶ》］にとってのセントヘレナ島［ナポレオンの流刑地］である。そこで、勝は権大参事《ごんのだいさんじ》［浅野氏祐《うじすけ》］らの役人に命じて、大きな仏教寺院［蓮永寺］をわたしの住まいとして宛てがってくれた。その後、

E.ウォレン・クラーク

彼は徳川家達公《いえさと》（現・貴族院議長）の名義で相当な費用をかけて頑丈な石造りの家を建ててくれた。城の堀端の一角に建てられたその家を、わたしは宮殿のようにしつらえた。実際のところ、その家は勝安房の自宅はもちろんのこと、隆盛を極めた頃の将軍家の御殿よりも住みやすかったであろう。こうした石造りの家が「開港地以外の」内地に建てられたのは初めてであった。わたしはかつて家康が築城した敷地に植えられた松の大木の二本に二つの旗を掲げた。

日本人はアメリカ国旗を「花旗」［中国語の「花旗《ホアチー》」に由来］と呼ぶのだが、星条旗は日の丸と対をなすもので、［星と太陽として］両者は同じ運命を示すと彼らは考えている（それを裏付ける光景を最近目にした。わたしはミカドの義弟である伏見宮［貞愛親王《さだなる》］を表敬訪問した。宮様はニューヨークのセントレジスホテルに滞在中で、そこには日の丸と星条旗が掲げられていた。商工会議所は宮様をもてなそうと心を尽くし、二国間の通商における利益の一致を示すために両国旗を掲げたのである）。

西洋文明と対等ではないとしても、わたしが古い文化のすばらしさに目を開かれたのは、その古刹で寝泊まりしていた時のことである。保守的な人々は、わたしが日本人社会に入ることを「白禍」［「黄禍 yellow peril の対義語」と言ったが、それを聞いてもわたしは無邪気に笑みを浮かべていた。

俗世を離れた寺での生活は平和そのものであった。苔むした寺の詩的な美しさ。松の木立、桜の花、塔、墓地。

わたしはこれまで二つの大陸の三つの神学校で学んできたが、寺での生活を通してキリスト教の黄金律［「人にしてもらいたいと思うことは何でも、あなたがたも人にしなさい」マタイによる福音書七章十二節他］についての理解が深まり、甘美この上ない解釈を手に入れた。夕刻になると大きな青銅の鐘がゆったりと鳴り響く。その荘厳な鐘の音にさえ優しい調べがあった。竹林の上方では、繊細な葉がサラサラと音を立てる。それは初めて聴く、静寂と平和の囁きであった。そうなのだ。わたしはここで、生まれて初めて優しさの意味を知った。「感謝」や「従順」という言葉に新たな意味を見出した。アメリカの大学では新入りを手荒く扱い、歓迎行事では羽目を外すのが当たり前だ。そんな場所からやってきたばかりのわたしは、「敬意」や「尊重」というものに目を開かれた。この国では親や目上の人を敬い、従順である。「学長《プレジデント》」を気安く「がくちょ《プレックス》」「おやじさん《オールドマン》」などと呼ぶアメリカの学生言葉に慣れきった者には、日本人の礼節は新鮮であった。六百人の教え子のうち、だれ一人として、あいさつを欠かさず礼を失することがない。愛情や感謝のしるしを贈られ、わたしは圧倒されるばかりだった。

通訳の下条［魁郎］[2]はわたしと起居を共にした。同居人には他に、東京府知事大久保

［一翁《いちおう》］の幼い十歳の息子［大久保業《なり》］や、日本［旧幕府］の軍艦艦長［甲賀源吾］の息子［甲賀宜政《よしまさ》］もいた。この艦長の船はあのストーンウォール・ジャクソン号（日本が所有した最初の甲鉄艦）［これはアメリカでの呼び名。戊辰戦争の最中に官軍が入手］に激突された。艦長はブリッジで切腹《ハラキリ》し、船は箱館湾［実際は盛岡の宮古湾］に沈んだ。

下条はわたしがこれまで出会った中で最も洗練された日本人であった。彫りの深い顔立ちで服装も申し分ない。物腰は英国貴族のようであった。しかし、その痩身には獅子の心臓が備わっていた。下条は幾度となく、わたしを身辺の危険から守ってくれた。下条自身が危ない目に遭ったこともある。わたしが日本の［開港地以外の］内地で最初に開いたバイブルクラスを手伝ったせいで下条は身内に命を脅かされた。このバイブルクラスは学生が誰でも自由に参加できるものであり、わたしは寺の僧侶たちをも招き入れた（数年後、このバイブルクラスが発展して、内地で初の自立した教会ができた。寺で開いたバイブルクラスは畳敷きの部屋で行われたが、今では七千ドルかけた説教壇と長椅子を備えた会堂を持ち、日本人牧師のいる自給の教会である[3]）。

通訳を務める下条の表情は生き生きと輝いていた。彼の助けを借りながら、わたしは福音を語り、生徒からの矢継ぎ早の質問に答えた。生徒たちがこれまで受けてきた教えは、清め中心の神道、儀式中心の仏教、保守的な儒教である。彼らが日々目にしてきたのはキリスト教禁令の高札であり、キリスト教信者は邪宗門との汚名を着せられる。余談だが、後にこれが当面撤廃となったとき［一八七三（明治六）年二月］、わたしは高札をもらい受け、伝道の記念として船でアメリカに送った。

下条は信仰のみならず、科学に対する感性も鋭かった。彼の通訳がなければ、化学や物理の込み入った内容を説明するのは不可能だったと思う。実験そのものはどれも大して難しくないし危険も伴わないものだったが、下条はわたしと共に銃後に勇ましく立ち、果敢に立ち向かった。今、わたしの机の上には写真が二枚ある。一枚は最初のバイブルクラスの講義風景。もう一枚は勝が用意してくれた最初の科学実験室で写したものだ［83ページ図4参照］。この実験室で下条とわたしは爆薬の予備実験をした。強綿薬、ニトログリセリン、ダイナマイト、雷酸水銀、アームストロング信管。これらはその後改良を重ね、対ロシア戦の前線で使用されていると聞く。今日の実戦において使用される爆薬に、当時わたしが実験室で確かめたような威力があるとすれば、ロシアが駆逐されない方が不思議というものだろう。

その下条も今はもうこの世にいない。といっても爆薬で命を落としたのではない。勉学に打ち込み過ぎて体を壊したのだ。東京の墓地の、彼の名を記した大きな墓石の下で眠っている。

墓碑銘にはキリスト教の真髄を表す漢字が刻まれている。文字は中村正直《まさなお》によるものだ。中村自身、わたしが静岡滞在中に最も懇意にしていた友人である。イギリス留学の経験があり、ロンドンで六カ月［実際は十六カ月］過ごした。だが、その間、現地の人で「キリスト教について口にした人」は皆無だったとのこと。中村は岩倉使節団［明治四年、クラークの来日直後に出発］への誘いを断り、「聖書を学ぶため」だと言ってわたしに付き添って静岡に［戻って］来た［クラークの来日時に中村正直が横浜で迎えた］。中村は書物の翻訳をした。サミュエル・スマイルズの『西国立志編［自助論］』、ジョン・スチュアート・ミルの『自由之理』、そして聖公会の主教だったわたしの叔父［トーマス・M・クラーク］の著書『宗教の根本真理』［同訳書は未刊］である。また、政府にキリスト教の「解禁を検討してほしい」と陳情もしている。彼は後に東京のクリスチャン［切支丹］坂［文京区小石川］で開いたバイブルクラスにわたしを招聘した。それはやがて教会に発展する。中村の墓所と下条の墓はそれほど離れていない。最近できた勝の墓も近い。中村がわたしに残した最後の言葉は「永遠の世における、貴君の未来永劫の友より」であった。

畠山［義成[4]］もまた、無理がたたって亡くなった。墓の場所は下条の墓からそう遠くない[5]。畠山はニュージャージー州ニューブランズウィック［のラトガーズ大学］在学中に洗礼を受け、第一オランダ改革派教会の信徒になった。帰国後は帝国大学総長〔開成学校校長〕に任命された。そして一八七三年、わたしが東京赤坂の皇居〔火災のため、この時期明治天皇は赤坂御用地に居住〕でミカドに諸外国についての御前講義を行った際、助手兼通訳を務めてくれた。畠山も研究熱心であったが、その結果、過労で亡くなった（悲しいことに、わたしにはそうなる予感があった）。葬儀は神道式で厳かに執り行われた。実に悲しいことだが、日米両国においても学業に命を捧げた日本人学生を挙げればきりがない。何世紀にも及ぶ思索と研鑽のたまものである知識を、一日で身に付けようとの野心が産んだ悲劇である。

彼らは英雄である。その点においては、〔日露戦争における〕旅順の戦いに身を捧げて命を落とした者たちと変わらない。勝安房の長男〔勝小鹿《ころく》。一八五二―一八九二〕もアナポリスの米国海軍士官学校で学んだ。彼も、そうした英雄の一人に数えられる。ニューブランズウィックの墓地に七、八基ある日本人の墓も、同様のことを物語っている。

静岡には外国人を排斥する攘夷派の者が多くいた。勝はそれを承知の上で、わたしをこの町に送り込んだ。当時のわたしはそんなこととはつゆ知らず、一、二度、狙撃騒ぎがあってはじめてその事実に気付いた。勝が「身辺に気を付けろ」などと口やかましく言うことは、一切なかった。ただ徳川家の護衛の者を五、六人寄こして、わたしが寝泊まりしている寺の門前で昼となく夜となく見張りをさせた。当時の勝は「すぐ駆け付けられるためだ」と淡々としていたが、一八九六年［明治二九年。95ページ「解説と解題」参照］の再会の折りに打ち明けてくれた。じつは勝も知事の大久保［一翁］も、わたしの身が心配でならなかったとのこと。静岡には大小二本の刀を差した時代遅れのサムライがうようよいて、赤い鞘を派手にちらつかせながら周辺をうろついていた。馬でそうした者の横を通り過ぎるたびに、首のあたりが思わずぞわりとしたものである。

あれは世の変革の時期だったのだ。佐久間象山は、お上にただ外国人教師を雇うよう進言したために暗殺された。わたしがかつてオールバニー［ニューヨーク州］で教えた香月［経五郎］は、佐賀藩において征韓派を扇動しようとした廉《かど》で首をはねられた。大臣の大久保［利通］は香月を含む十二［十二］人の斬首を命じたが、その大久保卿自身がその後、時代遅れの暗殺者たちの犠牲になった。

友人の大久保一翁はわたしを静岡に残して東京の知事になった。彼は別れ際に長い鋼《はがね》の刀をくれた。剃刀のように鋭い刀だ。それは三百年続く旧家の家宝だという。勝もわたしに短い刀（ハラキリ［用］）をくれた。彼が徳川幕府の軍艦奉行だった時に身に着けていた物だ。さらに、友愛のしるしであろうか、錨の紋章が付いた金の指輪もくれた。

勝がくれた短い刀を、わたしは（お守りとして）常に枕の下に置いた。長い刀の方は、切れ味から考えて髭剃りに使えるのではないかと思われた。例の赤い鞘をちらつかせた者たちがやりかねなかった凶行を思い起こさせる代物である。

勝安房自身はこうした護身の方法を心得ており、日常生活で西洋の服装をすることは一度もなかった。佐久間象山が洋服を着て散切り頭になったのとは対照的である。それでも繰り返し命を狙われた。勝は最初の二人の外国人教師を国内の封建主義の強い地方に送り込んだ。すなわち、『ミカドの帝国』の著者［グリフィス］を福井に、このわたしを静岡に送り込んだ。こうしたことは敵には許しがたい罪であったはずだが、それ以前からすでに勝の命を狙う者はいたのである。

勝安房は静岡でわたしの傍にいてくれた時期もあれば、ミカドの私的な相談役として東京に呼び出されることもあった。そうこうするうちに、わたしにも分かってきた。勝は徳川政権という［朝廷と幕府による］二重権力体制が生み出した最後の典型的な人物なのだ。この体制は外国人にとっては今もって謎であり続けているが、これこそがこの国の真の基礎を作ったのである。当初、諸国は文明の光が届いていない暗黒の国を開いていると思っていたが、近年の日本の外交手腕と軍事的成功はこの基礎の上に築かれていることに驚いている。

第二章　勝安房の前半生

ここで勝安房の生涯における重要な局面をいくつか見ておこう。勝は次々と危機が襲う中、事態を治め難局を切り抜けた。

最終的に帝国の統一は成し遂げられ、その際に見せた政治家としての手腕によって、勝は「日本のビスマルク」と呼ばれるまでになる。しかし、両者には根本的な違いがある。先のドイツ連邦の統一は、ひとえに流血の普仏戦争という外圧を通して成し遂げられた。統一ドイツ帝国の成立が宣言されたのは、セダンの戦い［一八七〇年九月］の後、ヴェルサイユ宮殿においてであった。勝安房［が関わった日本の帝国統一］の場合、セダンの戦い［に匹敵するような戦闘］はなく、ヴェルサイユ講和条約のような敗者に対する屈辱もなかった。徳川慶喜は勝安房の助言だけを頼りに、みずから愛国的かつ速やかに権力を移譲したのである。

それればかりか、この出来事はただ一度の自己否定と自己犠牲の行為によって、一国の統一を保障した。アメリカが一八六〇年代に百万人近い犠牲者を出して、ようやく統一を成し遂げたのとは対照的である。国家統一の「復古・維新《レストレーション》」の前に、日本、ドイツ、アメリカはそれぞれ地方分権及び排他的派閥政治と決別せねばならなかった。しかし、そのためにビスマルクはプロシア陸軍元帥モルトケの兵力を頼みとし、アメリカも南北戦争におけるリンカーン暗殺という犠牲を要した。それに引き換え、この日本の「ビスマルク」はどうであろうか。勝自身、軍事面で様々な修練を積んでおり、その背景には帯刀した武士の社会がある。三世紀にわたり武士の治世が続いた結果、人々は一つの「原理」に進んで身を委ね、今日まれな愛国の忠義を持つ。にもかかわらず、勝は主君である将軍に向かって、おとなしく権力の座を降りるよう進言した。ミカドが再び御簾《みす》を上げて表に出で、天皇として統一国家を治めるべきだと言うのである。

近代的装いの現ミカド 睦仁

勝安房はわれらがリンカーン同様、貧しい家庭に生まれたが、努力の末に頭角を現し有用な人材となった。

一八二六年一月、将軍家に仕える封建的な家の長男として静岡に生まれた［実際は、一八二三年三月江戸生まれ］。父親は早くに引退し、後に勝安房となる勝麟太郎少年は若くして家督を継ぐ。この時、わずか十六歳。父には放蕩癖があり、継いだのは借金ばかり。人生のごく早い時期に、過重な責任を負わされ、その中で世渡りしなければならない運命にあった。勝はかつてわたしにくれた手記の中で、こう振り返っている。「若きサムライの頃、最初に教えを受けたのは剣術であった。わが家は代々剣術の稽古をしてきたので、江戸でも評判の剣術の師匠［島田虎之助］に弟子入りした。冬は夕刻になると弟子たちは町はずれ［王子権現］に行くよう命じられる。まず神社拝殿の礎石に腰をかけて瞑想した後、立って木剣を振りまわす。こうして夜明けまで剣術の稽古に励んだ。師匠から言われたのは、剣術の道を極めるには、まず禅学という仏教哲学を学ぶ必要があるということ。そこで十九歳頃までは、コウトク寺［弘福寺《こうふく》］で禅を学んだ」

若き勝は家族を養うためにも剣術で身を立てようとしたが、思うようにいかない。そこで、永井［青崖］という日本人蘭学者のもとでオランダ語を学び始めた。永井は当時、江戸でオランダ語を教えていた。勝は勉学に励み、相当な語学力を身に付けた。オランダ語の辞書をまるごと書き写したのである。三部［実際は二部］書き写し、そのうち二部［一部］を地元の本屋に売ると、まとまった金が得られたので、父の借金を返すのに当てた。また、ある時、父の親戚筋に借金の返済を迫られた。勝はすかすかの財布を開け広げて小銭をぶちまけ、情けを求めた。こんな風に、若いうちから様々な方策で貧しい家計を支えたが、その間にも外国語学習を熱心に辛抱強く続けていたのである。

このとてつもなく困難な勉学が、後の成功の土台となる。というのも、オランダ語を通じて、医学、航海術、地図、海図、外国全般に関する書物を学び取ることができたからである。

この時代、外国の習慣やものの考え方を知る機会は皆無に等しく、そうした知識を入手できるのは少数の恵まれた人々に限られていた。一方、すでに一般の民衆も大名やその子息も、聖域として閉ざされていた日本の海岸に野蛮な外国人が攻めてくるのを恐れていた。当世風の言葉を使えば、「白禍」が差し迫っていた。ありがたくない侵入者に関する情報となれば、世界のどの地域の、いかなる情報でも貴重であった。間もなく、勝は危機が迫る中での対処法について常に人々の相談を受けるようになる。いわば、外国事情の生き字引になった。勝は将軍（大君）から外国書物の翻訳を命じられた。その後、幕府の役所の長に任じられ、ついには長崎の海軍伝習所の所長に昇進した。それは勝が三二歳、ペリーの黒船が浦賀湾に現れる約一年前のことであった[6]。

当時、日本への入国が許されていたのはオランダ人だけである。長崎には出島と呼ばれる十二エーカー［約五ヘクタール。実際は一・五ヘクタール程度だったと言われる］ほどの居留地があった。本土からは堀で隔てられ、オランダにあるようなしっかりとした石造りの建物や倉庫がある。短い細道を歩けば、堤防に囲まれた国［オランダ］にいるような感じを覚えるかもしれない。

勝が最初に担当した海軍伝習所はこの長崎にあり、配下の教官六人はオランダ国王から派遣された人々であった。生徒たちは四十人ほどであった。勝は海軍伝習所をみごとに取り仕切った。砲術の実技を教え、すぐれた海軍軍人ぶりを見せた。輩出した人々の中には、伊東［祐亨《すけゆき》］海軍大将や西郷［従道《つぐみち》］陸軍大将など今も音に聞こえた人物がいる。

一八五四年、勝は神奈川の崖に立ち、ペリーの船団が江戸湾に入るのを見た。船団は逆巻く風と波に立ち向かい、幾筋もの黒い煙をたなびかせながらやって来る。これほど明確な蒸気の力を目にしたのは、この時が初めてであった。勝は同行者の方を振り向くと、こう言った。「風や高浪をものともせずに進む船を造ることのできる民が、野蛮人とはとうてい思えない」

さらに、上陸部隊を護衛するいくつかの小船から礼砲が放たれたのを耳にして、こう付け加えた。「こちら側が先方の狙いを妨げようとしているとき、これほどの力と辛抱強さを同時に表明している。こういうことができる国民となら、友好関係を築く価値がある」

最近わたしは、ペリー遠征隊の生き証人に会った。その人によると、サスケハナ号とポーハタン号が最初に江戸湾に入った時、小さな木造船がずらりと並んでいたそうだ。船を動かしていたのは櫓を手にした裸の男たちで、彼らは米国船を太縄で巻いて沖に引き戻そうとした。すると突然、偶然か意図してかはわからないが、サスケハナ号の汽笛が鳴った。天地に響き渡る轟音である。このあたりでは、そうした大音響を誰も聞いたことがなかった。木造船はあっという間に姿を消した。この随員は、自身もその場に居合わせたペリー上陸時の絵の原画をくれた。わたしは小さいサイズの複写を作った。必要なら、後に学校の実験室で撮った写真も示すことができる。実験室というのは勝安房がわたしのために静岡に作ってくれたものだ。勝がその二十年前長崎で教官を務めたのと同様の学校［静岡学問所］にわたしを招聘した際に作ってくれた。この実験室の写真には、ペリーの置き土産がたくさん写っている[7]。ペリーが将軍に献上した科学の実験器具である。それらは将軍を退いた慶喜公が静岡に持ち込んだ物だ。空気ポンプ、電気機械、模型の蒸気機関車、馬蹄型磁石、羅針儀、気圧計、空瓶など一切合財。最初は、こんな物をいったいどこで手に入れたのかと思ったが、重い真鍮製品に記された"Standard Yard of the U. S."［合衆国標準ヤード］や、鉄や木材に記された"Weight and Measures of the U. S."［合衆国度量衡］の文字を見て、これはペリーから贈られた物だと気付いた。これらの道具は城門の楼上にしまわれていたが、わたしは偶然見つけたのである。

［ペリー来航から］ほどなくして、勝の海員としての人生における重大な出来事が起きよう

としていた。第二のコロンブスとしてアメリカ発見の旅に出ようとしていたのである。といっても、サンフランシスコを目指して自らの船で出帆した――実際には［出港時は］汽走であった――という話なのだが。一八五八年、ペリーの来日からちょうどアメリカ大統領の任期一期分が過ぎたところで、恒久条約［日米修好通商条約］が交わされることになった。このため日本の使節団と随行員を運ぶのに、アメリカの戦艦ポーハタン号が選ばれた（ところで、この大君《タイクン》の派遣団を、当時子どもだったわたしは目撃していた。トミー［立石斧次郎］を含めた一行は、ニューヨークのブロードウェーを馬で移動中だった。彼らの大半は帰国して箸で食事をする日常に戻り、後にわたしのいた静岡で配流の身となった）。

勝は日本が使節団を送りこむとの情報をつかんでいた。そこで自分も使節団に加わり、航海士としての能力を試してみたいという思いにかられた。随行できるのは船で行けるサンフランシスコまでだが、そこまで行けば世界のすべてを見ることになるだろう。そう将軍（大君）に［実際は外国奉行永井尚志宛］書き送った。勝の願いはすぐに受け入れられた。

しかし、準備は遅々として進まなかった。日本の役人を派遣するのに、当初は日本の儀式装束で行かせるつもりだった。すなわち、刀を差し髷《まげ》を結い贈り物を携えた人々を日本の軍艦に乗せて行こうとした。だが、それまで日本ではいかなる大型船の製造も禁じられていた。調達できたのは、せいぜい二百五十トン［実際は六百二十五トン］の小さな蒸気船である。オランダ製の咸臨丸というこの船は、全長百六十二フィート［百六十フィート（四十八メートル）］、幅二十四フィート［二十八フィート（八・五メートル）］、わずか百馬力で、小砲十二を搭載するのみ。まだ若かりし勝が艦長に任命された船は、現在の東郷［平八郎］元帥の戦艦三笠の原型のような小さな船であった。船員は訓練を受けていないうえに、天気が荒れたため、この小さな軍艦がサンフランシスコに到着するのには三十七日かかった。幸いにも使節と随行員はアメリカのポーハタン号で出航したのだが、勝の軍艦はその護衛をすることになっていたのだから驚きである。

この航海に対する勝の若き情熱を割り引いて考えてはならない。勝はこの航海について「これまでの人生で最高の経験」と書いている。それは決して過言ではない。勝にとってこれは航海実習であった。勝と好奇心いっぱいの船員たちは蒸気で進む軍艦の操縦法を学び、大洋の広さを知り、サンフランシスコという西洋の都市の驚異的な姿を目の当たりにした。サンフランシスコは勝がアメリカで訪れた唯一の都市である。当時のサンフランシスコ市街地の面積は現在の十分の一にも満たなかった。それでも規模の点で、勝の軍艦に比べれば遙かに勝っている。アメリカの人々は非常にもてなし上手であり、様々なものを見せて、異国からの訪問者たちを楽しませた。道路や造船所、砦、灯台、病院、工場、ガス灯、劇場、教会、学校、鉄道車両。この時点で、文明開化に対する勝の考え方はすっかり変わっていた。それは一八六〇年二月、南北戦争前のことである。そして、この十年後、わたしは勝安房に個人的に招かれ、その同じサンフランシスコから日本に船出したのである。

前回東京を訪れた際、勝はわたしに十数冊の薄い冊子『海軍歴史』をくれた。そこにはこの先駆的航海の興味深い話が詳細に綴られている。たとえば、帰路に寄港したホノルルでもやはり歓待されたという。今や日本中の尊敬を集める福沢［諭吉］という高名な教師もこの訪米団への参加を許された一人であり、この航海について非常に生々しい描写をしている。この（コロンブスのような）経験が、若き勝と福沢の感受性の強い心に与えた知的倫理的影響について疑う余地はない。勝の政治家としての姿勢、福沢の教育への情熱は遡ればこの驚くべき航海に発したことに異論はあるまい。

のちに静岡学問所を始めたのは、勝と福沢であった［実際には静岡学問所に福沢は関与していない］。わたしはその学校の指導を任されたわけで、二人には恩義を感じている。わたしは光栄にも、かの外国人教師三人のうちの一人となったのだから。今日ではわれわれ三人は、「新生日本の教育制度の礎を築いた者」として日本の教科書に載っているのだ。福沢自身は官職へのあらゆる誘いを断って教育一筋の人生を歩んできた。教え子たちが今、政府の要職に就いているということは、福沢がそれだけ良い仕事をしたという証しである。勝もアメリカから帰国した時に神戸の海軍操練所の校長に任命された。今は亡き陸奥［宗光］伯爵や伊東現海軍大将など、同様の気質を備え、強い影響力を持つ人々を指導したのはこの学校であった。勝は近代的な要塞を建設し洋式の戦術を取り入れ、「好戦的愛国者たちに自らの愚かさを知らしめた」。そして将軍家と大名がそれぞれに所有していた船をまとめて、一つの大きな海軍力に集約すべきだと訴えた。彼は陸、海の兵力を組織化し中央集権的なものとする計画の監督責任者であり、国家として取り組むべき方針を打ち出した。遅れはしたが、計画は十二分に実現されたのである。

古代の宮廷装束に身を包んだ
皇后美子（はるこ）

一八六二年六月、勝は江戸の軍艦操練所頭取に任命された。同じ年の八月には軍艦奉行並になった。土佐出身の愛国者で「勤王の志士」である坂本［龍馬］が勝の家を訪ねたのは、この年であった。坂本は勝を暗殺しようと刀を忍ばせていた。

勝は坂本を温かく迎え、自ら押し進めている政策に関する見解とその理由を率直に述べ伝えた。すべてを聞いた坂本は後悔の念にかられ、訪問の目的を告白し、許しを乞う。そして自分も勝に従いたいと述べた。これ以後ずっと、坂本は勝の信頼に足る友人となった。勝の努力の甲斐あって、幕府は海軍の兵力拡張のために先進的な計画を採用することを決め、将軍自ら海軍の基地を選定するため兵庫に出向いた。そうした中、坂本の訪問のような形で交友関係を広げていったのである。とはいえ、友を得るにはいささか危険な方法ではある。

勝安房によれば、他にも似たような出来事はあったとのこと。ある時、武士の正装に身を固め帯刀した三人の侍の訪問を受けた。三人は礼儀正しく名乗り、訪問の目的を告げた。勝の命をもらいに来たと言う。勝安房は一瞬の躊躇もなく、丸腰のまま客間に向かった。そこで待っていた招かれざる客と型通りの挨拶を交わした後、勝安房は静かに切り出した。おぬしらが目的を果たす前に、一、二、述べておきたいことがある、と。勝の至極冷静で、少しも恐れていない様子を見て、三人はすぐに心変わりした。坂本と同じように、訪問者は自分たちの非礼を詫び、勝と固く手を結んだ。逆の場合、結果はどうなっていたであろうか。勝を斬るという目的を果たしても、誰もその場から逃げようとせず、全員が切腹していたであろう。勝安房にはそれが分かっていた。相手の覚悟がいかなるものかを知っていたのである。訪米を終えて帰国した勝が船上で最初に聞いた知らせは、大君の補佐役の井伊［直弼《なおすけ》］が水戸藩の攘夷派に殺されたことであった。暗殺の理由は、日本がアメリカと条約を結んだことであった。勝が随行した大使らが海を渡って批准した条約のことである。

勝安房の死去一カ月前に授与された旭日大綬章

第三章　勝安房の軍事における周到な準備

最近『アウトルック』誌〔当時ニューヨークで発行されていた週刊誌〕に載った戦況記事は、ある特異な事実を明らかにした。わたしを含め、そこそこの数のアメリカ人はかつて日本に滞在していた時に気付いていたことだが、その事実を知れば、日本の軍事が成り行き任せではないことがわかる。記事の筆者ジョージ・ケナン氏はこう述べる。米国民も驚かれたと思うが、鴨緑江〔ヤールー川〕と旅順からもたらされる公式の戦況報告には「事前に準備（プレアレンジ）された通り」という言葉がひんぱんに登場する、と。

初期の日本軍が採ったあらゆる戦術にも、同じことが言える。東郷元帥も「事前準備」という言葉を何度も使っている。東郷という人物は海軍の最高職位にあり、その海軍は勝安房が予め整備《プレアレンジ》したものである。「わたしは最近この事前準備の意味を知る機会を得た」とケナン氏は書いている。「日本の陸海両軍が成功する秘訣は、周到な下準備によって作られた完璧な組織であろう。本稿では、この事前準備について取り上げることにする」。同氏はこの興味深い記事をこう締めくくる。「わたしがどれほど驚いたか想像してほしい。ほんの五、六十年前、ここで目にしたのは中世の武器を使い、平底帆船《ジャンク》で航海する民であった。釉薬を塗り、磁器を作り、青銅小品を鋳造する技術はあるが、大掛かりな方法で巨大な物を作る能力があろうとは、とうてい思えなかった。それが今や、どうだ。大規模な鉄工場や銃鋳造所を設け、十三インチのライフル砲を作り、軍艦を建造し、巨大な乾ドックを建設している。一施設において一万五千人の職工を雇い、外国人の力を借りずに、きわめて複雑かつ重厚な機械を使いこなしているではないか。わたしが驚くのも当然であろう」。これには、まったく同感である。

しかし、古い平底帆船の時代に、同じように華奢な体つきの勝安房は神戸と江戸でそうした近代工業の先駆けとなるものを作っていた。すなわち、より大きな船を造るための下準備をしていたのだ。一八九六年、わたしに横浜南方の横須賀湾における海軍力を見せてくれたのは、この勝安房である。ここでわたしはブルックリン海軍工廠にあるような建物に驚かされた。そこでは、アメリカ海軍に匹敵する白い小艦隊（現在は灰色）が停泊していた。わたしが乗船を許されたのは、日本軍に拿捕され修理中だった清国戦艦「鎮遠」である。そこは、それまでわたしが訪れた中で最大の石造りの乾ドックであった。小柄な日本人が巨大な甲鉄の回転砲塔を戦艦のデッキから持ち上げ、チーズの木箱でも扱うように手際よく、すっと岸に下ろす様は、さながら『ガリバー旅行記』である。と言っても、この場合のガリバーが誰かは分からないのだが。彼らは三十人の清国人の命を奪った胴体の穴を修理していた。それは十三インチの砲弾が貫通した穴だった。それをあたかも古い漆塗りの盆を修復しているかのように直している。しかもその船は以前は恐ろしい清国の旗を揚げていたのである。それが、今では東郷元帥の他の戦艦と共に停泊し、これまた下準備としてひそかに修理され、バルチック艦隊を迎え撃とうとしている。わたしはその白い艦隊が朝日を浴びて静かに停泊している麗しい姿を、写真に撮りたくてたまらなかった。しかし、これは「軍事機密を漏らさないという」わたしの名誉がかかる場面であった。この時のわたしは、この世で唯一、わたしがいかなる時も絶対に逆らえない人の指揮下にあった。だから、十二×二十四の大きなカメラ［外形寸法十二インチ×二十四インチのカメラと思われるが詳細は不明］は控室に置いて来たのだ。

けれども、こうした下準備に負けず劣らずわたしを驚かせたのは、勝安房の生涯を記した文章［『幕府始末』］である。ここに記された巧みな戦術と描写には、驚きが満載である。勝はこの記録の英訳を、わたしが横須賀見学から戻った後くれた。この記録は近年の日本の歴史に光を当てた非常に貴重なものである。それにもかかわらず、正直に言うと、ほんの数日前までそれを読むこともなく高く評価してもいなかった。勝安房自身の署名入りの、この興味深い物語については、紙幅の関係から本章で要点しか記すことができない。

そこには極めて重要な出来事が個人の立場から描写されているが、ところどころ特徴的な筆致が見られる。それは物語の主役である勝が自身について述べる際の謙虚で飾らない語り口であり、そこにこの人物の性格が現れている。勝安房はまず、［源頼朝以来の］諸々の武家の名を記す。一六〇〇年［関ヶ原の戦いにおいて］、徳川家が頂点を極め、太平の世が長く続く。そして、京都郊外における［鳥羽］伏見の戦いという悲劇に話は及ぶ。薩摩はそれまでは自ら動くことのなかったミカドを自分たちがお守りすると言って勝手に警護団を結成していたのだが、そこでついに徳川軍は薩摩と衝突したのである。

これが政治的混乱の始まりであった。そして日本の門前では嫌われ者の外国人がやかましく開国を迫り、混乱に拍車を掛けた。慶喜公は船で江戸に退却し、直後に西郷［隆盛］は官軍と称する軍隊を率いて江戸の町に進軍し、「大君を懲らしめ、退位させよ、夷狄《いてき》を追放せよ」との声を絶え間なく上げた。大君が非道にも外国と条約を結んだからだと言う。これは重大な局面であった。この時のことを勝安房は控え目に記している。「図らずも、この上ない重責を担うことになった。代々続く徳川の世を顧みつつ権力を移譲した結果を想像したが、何よりも願ったのは、平和を守ること、人民を苦しみから救うこと、外交関係を継続することだった。もはや徳川家の権威にこだわっている場合ではなかった。それよりも、真摯《しんし》に努力し広く国のために尽くしたいとの願いが勝っていた。それでも、いくつかしくじったことはある。策を練って

最後の「タイクン」
徳川慶喜（自筆署名と共に提供）

も思い通りに事は運ばなかった。拙《つたな》い知恵では、この由々しき非常事態に対処できないこともあった。すべてにおいて、己の力不足を痛感せずにはいられない」

このあと二十ページにわたって、勝自身の物語が展開する。それは「幕府最後の日々」における息詰まるような場面の数々である（バクフ、トクガワ、ケイキ、タイクンはすべて同じ意味である）。慶喜《よしのぶ》公が江戸に帰還した一八六七から六八年にかけて、世の中は殺気立ち、あちこちで過激な行動が見られた。それは「まったく、巨大な蜂の巣をつついたような騒ぎ」だったとのこと。勝の話は続く。

当時、江戸には百六十万もの人が住んでいた。ほうぼうの寺に、一時は三百人から五百人が集まり、刀をちらつかせて、死ぬまで戦うと息巻いていた。そういう場所が五十ほどあった。佐幕派の大名たちは皆、こう断じた。「官軍と称するのは不忠の輩、薩摩や長州の者どもである。連中はミカドの権威を笠に着ているにすぎず、徳川家を転覆させようとの奸計を抱いている。つまりは廃墟の上に新しい幕府（大君制のようなもの）を作り、自分たちの主公による統治を進めたいだけなのだ」と。見通しは暗く、慶喜公は家臣を招集して軍議を開いたが、その頃にはもう官軍は箱根峠に迫っていた。

慶喜公は言った。「戦いなど考えるだけでも恐ろしい。そうなれば、何千人もの無辜《むこ》の民が筆舌に尽くしがたい惨状に見舞われる。その方《ほう》たちの考えを聞きたい」

自分は黙っていたが、慶喜公に意見を求められたので、こう答えた。「興廃存亡は時勢の成り行きに左右され、人の力では如何《いかん》ともし難《がた》いもの。戦争になれば、わたしは徳川のために死ぬ覚悟です。まず軍艦を（静岡沖の）駿河湾に進め、兵を上陸させます。そして敵の船を清水港に誘い込んだところで、わが軍艦から敵船の横腹に砲弾で奇襲します（これはまさしく、東郷が後に旅順で取ったのと同じ、事前準備による戦法を思わせる）。その後、軍艦三、四隻を率いて摂津灘に乗り入れます」

勝安房は戦いに臨む勢いで、こう続けた。

「そして西国と畿内との間の陸路と海路を絶ち、場合によっては大坂の町を焼き払い、京都からの補給路を遮ります。後は静かに成り行きを見守ることになるでしょう」

わたしの知る限り、勝安房のこれほど好戦的な発言は他にない。もしこれが実行に移されていたら、双方の軍、それぞれ数千人が亡くなっていたであろう。しかし、これはまさに、そのわずか六年前にわが国で南北戦争を引き起こした地域対立の類いである。わが北軍の将リンカーンは戦争を避けようとしたが、残念ながら、勝安房のように上手く和平に導くことができなかった。

けれども、ここで勝安房の善人の面が現れる。一昼夜の話し合いを経て、別の案を提示したのである。「闘争心[8]は、感情に駆られた激憤と言わざるを得ません。こちらにはいっさい敵対する意図がないと表明しては、いかがでしょうか。ただ平穏のみを願い、万民の幸福と安寧を思う気持ちを示すのです。そのためならば、当方の個人的利益と所有物は放棄し、武器と城を明け渡すことも厭《いと》わないと。その上で、徳川家の興廃は天に任せるのです。もし、それが同じ日本の国のためであるなら、何ものもわれらに害を加えることはできないでしょう」。これはペトロの手紙一の三章十三節にそっくりではないか。「もし、善いことに熱心であるなら、だれがあなたがたに害を加えるでしょう」という聖句と驚くほど似ている。

勝はこう続ける。「慶喜公はこの勧めを受け入れた。ところが、その任に当たろうという度胸のある者は一人もいない。そこで、とうとう説き伏せられ、自分がこの恐ろしい役を引き受ける羽目になった」

勝がいかにうまくこの信任に応えたかは、断片的ではあるが別のいくつかの箇所に記されている。そのことを現天皇がどれほど感謝しておられるかは、本書の結びに示すとしよう。

勝安房自身が経験した艱難《かんなん》辛苦について知る者は、ほとんどいまい。勝の平和的な提案を聞いた時、徳川方の最初の反応はこうだ。「勝安房の首をはねる。それを軍神への犠牲として捧げる。勝はわれらを敵の手に渡そうとしているからだ」

少し先で勝はこう述べている。

自らの判断に間違いはない。それについては少しの疑念もなかった。江戸の町に危険が差し迫っている時に、罪のない大勢の人々を救えないのなら、せめてもの償いにまず自分が犠牲になろう。わたしは決意を実行すべく、同月十四日に西郷を訪ね、「官軍大総督参謀殿」宛の次のような手紙を渡した。（中略）

「この手紙と」その後の会談で西郷には、次のように伝えた。「貴殿らが暴力で弱い人民の命を脅かすつもりなら、こちらも挑戦を受けることを辞さない。このままでは、諸外国の笑いものにされてしまう。だが、江戸を守ってくれれば、わたしは私人としても公の立場でも死ぬまで感謝する。ミカドが復権すれば、当然、江戸が新帝国の首都になる。江戸城と装備の品は明け渡そう。徳川家の何百万石もの領地は行政の出費を賄うのに役立つだろう。それに面倒な外交問題はまだそのままになっているから、無力なわが国がインドその他、植民地にされた国々の二の舞にならぬよう心しなければならない。共通の危機に直面しているとき、国内で争っている場合ではない。国を愛し一致協力すべき時である。そうすれば諸外国のわが国への信頼は高まるし、友好も増すだろう」

西郷は翌朝江戸を攻撃する計画だったたが、直ちにその命令を撤回した。そこでわたしは慶喜公に報告しようと一人で馬に乗って引き返した。日暮れ時、家の近くまで来たところで三発の銃撃を受けたが、べつに驚きもしなかった。幸いにも、弾丸は頭上をすり抜け、わたしは難を免れた。暴徒たちは言っていたのだ。勝安房と西郷を殺しさえすれば双方から邪魔な指導者がいなくなる、と。

この後すぐに横浜に行き、英国公使サー・ハリー・パークス［Sir Harry Smith Parkes］、そして海軍提督キッペル［ケッペル -Sir Henry Keppel］にも会い、ひそかに状況を伝えた。二人ともこちらの考えに心から賛同してくれた。しかし、先方との間にある懸念も問題となった。キリスト教を信仰したために投獄された人々はどうなるのか。そこでわたしはただちに、そうした人々の釈放を命じた。官軍はまだ到着していなかったので、外国人居留民を守るために徳川軍のいくつかの隊を神奈川に急行させた。ところが、そうした者たちは、官軍を討たんとひそかに意見をまとめていたのだ。それを知って、横浜が危ないと思った。そこで兵を引かせ、地元の役人に警備を委ねた。そして、英国公使と協力して「鉄の公爵《アイアン・デューク》」と呼ばれる英国の大型戦艦から（治安を維持する目的で）海兵員を上陸させた。これで官軍が横浜に入るには、英国のパスポートが必要になった。その結果、治安は維持された。外国の資産は守られ、江戸から逃れてきた多くの人が平和のうちにそこに落ち着いた。徳川の陸軍はフランス式だが、海軍は英国式である。どちらの軍にも、それぞれの国から公式に迎えた教官たちがいた。

この危機に際して、フランスから派遣された教師長官［シャノワン（シャノワーヌ）Charles Sulpice Jules Chanoine］が訪ねて来て言った。「徳川軍の司令官も兵士も十分に訓練を受けているから、頼りになる。ろくに訓練も受けていない官軍とのいかなる戦いにおいても、徳川軍は完勝できること間違いない。戦う前に和議を結ぶよりは勝利して平和をもたらす方がはるかに楽だ。まず戦い、それから条件を突き付けろ」と熱心に勧めた。彼は諄々（じゅんじゅん）と説いた。箱根峠を守るのは、わけもない。それに江戸城は三重の堀に囲まれ、櫓（やぐら）も堅固な石垣もあるのだから、城外へ出るよりも城内で守る方が楽に決まっていると言う。

わたしは助言に感謝した。この人は江戸を離れるまで、再三にわたって勧告してくれたのだ。

一方、わが海軍の英国人教官（ドレッセー［トレーシー Sir Richard Edward Tracey］）は、わたしが陥った、きわめて困難な状況にいたく同情してくれたと見える。温かい言葉をたくさんかけてくれた。今でもそのことに恩義を感じている。

船団のいくつかは持ち場を離れ、密かに箱館に向かった。この後、ここで交戦になる。ストーンウォール・ジャクソン号は脱艦二隻を沈め、決着がついた。その後、江戸城から勅命が出され、以下のように明白に宣言された。「徳川幕府が創設者家康の時代から国を二百年以上にわたり平和の裡に治めてきた功績に鑑み、寛大なるミカドは徳川家の存続を情け深くもお許しになる。慶喜については、退位し（静岡［当初は水戸］で）隠居する限り死罪を免れる」

尊皇派が大手を振って江戸城に進軍しないうちに、首尾よく城を明け渡したものの、その間に幕府の船団は我が忠告を無視して安房の館山に向けて出港してしまった。官軍に呼び戻せと言われたので、わたしは安房まで船を戻しに行った。半数は官軍に引き渡したものの、半数は箱館に逃れてしまった。

江戸城開城の後、徳川方はこの急展開にいきり立ち、数千の兵が持ち場を捨てて各地へ散って行った。そうした者は陸奥や出羽の諸大名と集団で同盟を組み、なおも連帯して官軍と対決した。それから、世に言う「上野の戦い」の他、散発的な小競り合いが起き、江戸有数の美しい寺院［寛永寺］の境内が破壊され、多くの武士が命を落とした。

勝安房はこう締めくくっている。

このように混乱きわまる国内を統一し秩序を生みだす困難が、いかなるものであったか。それは、後の世代の判断に任せるとしよう。

徳川時代の末期には夷狄への警戒も緩み、外国との通商が始まった。この時期、世の中は不穏な空気に包まれ、十年にわたり国の安全が脅かされた。人心はまとまらず、大名は反目し合い、最高権威を持つ幕府の先行きは危ぶまれた。ついに運命のめぐり合わせにより、諸国統一の明治時代がその黎明期を迎えた。これも皇室の徳のゆえであるが、明治維新の成功は勇敢な男たちの英雄的犠牲に多大な恩恵を受けている。彼らは家も命も顧みず、捨て身で国家を存続させたのである。

ここで勝安房の文章に付け加えるとすれば、歴史家クリーシー［Sir Edward Shepherd Creasy］の言葉がふさわしいであろう。マラトンからウォータールーまでの決戦を取り上げた『世界史における十五の転換点』の序文からの引用である。「こうした決戦の勝敗が逆であったなら、その後の歴史は様々な局面で相当違っていたであろう」

勝安房は皇室の支配権を取り戻しただけでなく、江戸城の装備や海軍の船団、さらに四百万石の領地を帝国財政に回復《レストア》した。その上で、新政府にはそれらを慎重に用いるよう助言した。さもなければ、新政府も旧政府も大差無きものとなってしまう。勝はそう言って、「五十歩逃げた者が百歩逃げた者を笑う」という［孟子の］寓話になぞらえた。

後世の人々は過去の功績の上に胡坐《あぐら》をかいたり、皇室の復権にただ満足し、贅沢《ぜいたく》にふけったり安穏と暮らしてはならない。そうではなくて、進歩的な軍事国家の基礎を増強すべきである。団結して極東における地位を高め、世界に自国の力を知らしめることを忘れてはならない。

それこそ我が望みであり、それが実現しさえすれば、打ち首などの厳しい裁きをも恐れはしない。

実際、上野の戦いにおいては攻撃に統率も何もあったものではなく、国家の安寧を揺るがす脅威にはなり得ないと分かっていた。単に積もり積もった怒りが吐き出されただけであり、群衆は大きければ大きいほど簡単に瓦解する。彼らの行いは、恐怖に駆られた子どもたちが怖いお面を被っているのに似ていた〔『幕府始末』原文では「鬼面を装して小児を脅かすに類す」〕。反乱軍の幹部の中には、尊皇派に船団を引き渡した件について、何もかも勝が悪い、と言う者もいた。それで、上野の敗走の後、二百の兵

ミカドとその将軍および
参謀たち——東郷元帥は左上

を率いて家までやって来て襲撃した。家に向かって銃を放ち、武器を奪ったのだ［実際には勝家を襲撃したのは官軍であり、彰義隊ではない］。

幸い、わたしは留守だったので、今日まで生き長らえている。

それでも二人の皇子《プリンス》［実際は「和宮殿下」（静寛院宮）と「田安中納言」（徳川慶頼）］にお目通りを願い、こう申し上げた。「わたしが死に値するような罪を犯したのであれば、総督府へ召して首をはねていただきましょう。ただ、不当に罪人扱いするのはやめていただきたい」と。

すると、総督宮は驚いて「そなたの忠義は疑ったことはない」と仰せになり、わたしの身を守る手立てが取られた。

一八七二［明治五］年、明治新政府は順調に機能していたが、静岡で隠居していた勝安房はこの時期になってもまだ三度呼び出しを受けた。霧が深くなる一方の入り組んだ水路のような外交の場における、信頼される水先案内人というわけだ。

新政府は（まだ産着にくるまれたままの状態で）勝の手を借りなければ何一つまともにできなかったし、またそれを正直に認めていた。しかし、新政府の得になることは、わたしには損失でしかなかった。とりわけ大きな損失は、わたしの優秀な教え子を引き抜いては、首都東京の公職に就かせてしまうことだ。日本に来て二年半、中央から隔絶した生活を送っていたが、勝安房の説得（というか、ほぼ命令）を受け入れ、わたしも東京に移った。

その頃には、勝は内閣との日々の付き合いを少し改めるようになっていた。ある晩、勝は目に哀れみの表情を浮かべて、こう言った。「政府の連中ってのは、学童みたいなもんだ。今日叱ったら、明日は褒めてやらねばならん」

筆者がいくつかの歴史的事実をここで強調する理由は、こうした事実がほとんど理解されていないからである。あらゆる情報が一面的でしかなかった。物事の両面を同時に見ることは、なかなかできないものだが、勝安房にはそれができた。だからこそ、ユニークな存在なのだ。勝の人物像は徐々に評価されつつあり、海外の著作家たちのみならず、日本の歴史家たちにさえ認められるようになった。岡倉覚三［天心］氏はわたしが知る限り「徳川将軍家は事実上の王朝であったという点で、それ以前の将軍家とは違う」ということを認めた最初の日本人著作家であろう。『日本の覚醒』（*The Awakening of Japan*, Century Co., New York, 1940）の二四ページでそう述べている。つまり、幕府が存続していれば、今頃は睦仁《むつひと》ではなく慶喜が君主［最高権威者］であったのだ。事実、徳川幕府はアメリカに最初の公使を送り、単独でペリーと条約を結んでいる。岡倉は一六〇ページでこう述べる。「故勝安房伯は最も信頼できる相談役であり、なおかつ、合同主義者《ユニオニスト》［ユニオニストは、米国南北戦争では南北分離反対の連邦主義者］のリーダーでもあった。しかし、慶喜公の他の家臣はあくまで中央政府《フェデラル》［幕府］を支持した［フェデラルは、南北戦争では北部連邦］（むしろ、彼らの方が南部連合的《コンフェデレート》と言えるか）」。

慶喜公と言えば、今もご存命であり静岡におられる［実際には一八九七（明治三十）年、東京に移住している］。写真と鷹狩りを好まれる。一度、わたしも鷹狩りにご一緒したい、とお誘いをかけたことがある。慶喜公はやんわりとお断りになったのだが、直筆の手紙を添えて大きな磁器の鉢を贈ってくださった。一千ドルの値うちがあるもので、八人がかりで運ばれてきた。

ある時、わたしはその中に入って写真を撮らせた［90ページ図10参照］。ところがその後、使用人のサム・パッチがこの鉢を湯舟にしてわたしを風呂に入れることを思い付き、熱湯を注いでしまった。鉢はそんな野蛮な用法には耐えきれず、大砲のような破裂音を立てて割れてしまった。

本書に収録した慶喜公のお写真［38ページ参照］は、わたしが最後に静岡を訪れた際[9]、勝安房の口添えで慶喜公からお送りいただいたものである。しかも、ご親切に一筆添えてくださった。慶喜公の後を継いで当主となられた徳川家達《いえさと》公は、現在、貴族院議長であられる。家達公からも達筆な英文の手紙をいただいた。わたしが勝安房の家で食事をご一緒した時にうかがった話では、かつてロンドンに留学されていたとのことだった（この時、最初の戦争基金に五十万円寄付された）。家達公は徳川の紋章と家禄を継ぎ、宮中のお計らいにより独自の地位と特権を授かった。勝安房宅では食事の後、遅い時刻ではあったが庭の入口で勝安房と徳川公の「最後の写真」を撮ることができた［8ページ参照］。向かって右側の、手を組んだ人物が勝安房である。

この物静かな老紳士を見て、この人がこの近辺で幾度となく命を狙われたばかりか、今日満州で見られる武勇や愛国心を持つ人々の先駆けであったとは、誰も思うまい。日本人特有の勇敢さについて岡倉覚三が、（［先に引用した書の］一七三ページで）こう述べている。「日本人の死をも恐れぬ態度は、イスラム教徒のように来世の報いを期待しているからではない。西洋の著作家の中にはそう考える人がいるが、それは違う。日本人が勇んで死地に赴く大義は、ただ務めを果たすという考えのみに基づく。すべての根拠は、主君への忠誠と国への愛のみである。死と同様、この愛に限りはない」。岡倉は維新《レストレーション》についてこう付けくわえる。「侍が刀を、大名が領地を、将軍が世襲の権威を捨てたのは、ただ自己犠牲の精神による」。その点においても、勝安房が人々の先駆けとなったのである。

勝は時代が移り変わるための回転軸そのものであった。

彼の批評はしばしば皮肉交じりではあったが、常に筋が通っていた。独特の笑顔とユーモア精神で人を引きつけ、いつも茶目っ気があった。わたしが宮中に上がりミカドに幻燈機を使って写真を披露する際、海軍の楽隊を一編成借りたいと頼んだところ、勝はフル編成の楽隊を二つも送り込んできた。おかげで総勢六十人による、ミカドのお耳をつんざくほどの大音響となった。それでもミカドは後日、写真［不明］にあるような美しい贈り物を届けてくださった。

第四章　勝安房の家庭生活、および晩年におけるキリスト教受容

日本は近年、科学技術の面でそれなりに変革を遂げているが、日本人がキリスト教を変革するとは考えにくい。だが、キリスト教伝道の仕方には、間違いなく変革をもたらすであろう。

日本人が求めているのは、簡素《シンプル》で堅実なクリスチャンの生活に例証される単純《シンプル》明快な十字架の物語である。そのうえ、堅忍不抜の信仰生活を志す。それが日本人の精神性に合うからである。

すでに十六世紀にはフランシスコ・ザビエルが［インドの］ゴアで、日本人の国外逃亡者アンジロー［ヤジロウ］に、キリスト教が日本で受容される可能性について尋ねている。アンジローはこう答えた。日本人はどんな説法でも、筋が通ったまことの話なら耳を傾け、語る者の生活と教理に矛盾がないか確かめる。そして、本物だという証が得られれば、どんな宗教でも受け入れるでしょう、と。

今週、法学博士の金子堅太郎男爵から手紙が届いた。博士はハーバード大学の卒業生であり、日本の貴族院議員である。この手紙はアンジローの答えにどことなく似ている気がする。この二十世紀に、とりわけこの危機の只中に、日本は十六世紀同様の証を求めている。これを読むとそんな気がしてくる。男爵はこう書いている。

ペリー来航以来五十年、日本には数々の教義と説教が伝えられ、日本人を改宗させる目的で何百万ドルもの費用がかけられました。そしてついに、こうしたすばらしい教義と恵みあふれる説教が実践に移される時が来たのです。国を守るために毎日数百人の兵士が殺されていると聞きます。何と痛ましいことでしょうか。しかも、一家の大黒柱を失った妻子はまったく寄る辺のない状況に置かれているのです。こうした痛ましい状況であるのに、ひたすら教えを説くだけというのはラッパを鳴らしシンバルを叩くより始末が悪いと言えます。このような悲しみの時には説教を千回続けるよりも、一回の支援活動のほうがはるかに効果的です。今後百年、二度とこのような機会はないでしょう。こうした状況下で差し伸べられるクリスチャンの援助は、きっとすべての日本人の心をつかみ、けっして忘れ去られることはないでしょう。

こうした手紙に応えるかたちで、［アメリカの教会関係者から］クリスマス募金の趣意書が発送されている。その中に次の言葉がある。「今日の日本において、世界の発展のために抜かれた刀（開戦）が、家庭生活の奥深くに切り込んでいる」「われわれが交戦国を助けることはないが、被害者やうちひしがれた人々を助けることはできる。憐み深い赤十字はあらゆる地域において中立であり、救いを待つ子どもたちの訴えは、全世界のキリスト教の愛と慈善の力を試そうとしている」。続いて主のみ言葉――わたしたちがお仕えする主イエスの言葉が示される。主ははっきりとこう述べておられる。「わたしの兄弟であるこの最も小さい者の一人にしたのは、わたしにしてくれたことなのである」［マタイによる福音書二五章四十節］。けれども、われわれクリスチャンの座右の銘であるこの言葉の直後に示される聖句は、忘れがちである。「この最も小さい者の一人にしなかったのは、わたしにしてくれなかったことなのである」[同二五章四五節]。この警告を顧みなければ、泣いたり歯ぎしりすることになると、主は示しておられる。この緊急時においてキリスト教界が救援活動を実施できないのであれば、善行について教える者たちは日本から引き上げる方がいいかもしれない。わたしはそういうメッセージを上からそれとなく示されていたが、この聖句はそれよりも説得力のある、直接的な譬《たと》えである。慈善の手を具体的に差し伸べられるかどうか、日本人と同様、わたしたちも試されている。

金子男爵は最近ハーバード大学の日本クラブで行った演説で、次のように述べている。

他ならぬ学童たちが本を買うための小遣いを節約し、なけなしの金を大蔵省に寄付しています。わたしたちは、戦争が長引き悲惨さを極めるであろうということに気付いていきます。陸海両軍の兵士が前線へ送り出され、残された家族の面倒を近所や村の共同体が見ている現実がそれを物語っています。家主は兵士の家族から家賃を取りませんし、医者はそうした家庭の病人を無料で診ています。また、何千もの寡婦や孤児が残されることを見越して、民間の救援募金会が設立され、貧しい中でもすでに百三十万円の寄付をしました。

これは人種間の紛争でも宗教戦争でもありません。日本国の存亡をかけた戦いであり、英米文明の東洋進出をかけた戦いでもあります。アジアの平和を確立するためです。

この危機において、ロシアを「キリスト教国」と呼び、日本を「異教徒の国」と呼ぶのは、「善きサマリア人」の物語の精神に反するというわけである。

そうして、男爵は聖書物語［ルカによる福音書十章二五—三七節］を引き合いに出す。ある人がエリコに向かう途中、強盗に遭い、半殺しの目に遭う。身ぐるみはがされ血を流している。祭司とレビ人は「道の反対側を通り過ぎる」（負傷した敵の扱いについては、ロシア人のようである）。しかし、当時、軽んじられていたサマリア人は違った。近寄って、馬から降り、敵の介抱までする。サマリア人は「異教徒の」日本人に匹敵する。そこで講演者の金子は核心を突く。キリストのような行いをする者、「あなたも行って同じようにしなさい」と勧めるキリストの教えに従う者こそが隣人を愛する者であり、キリストご自身が定められた規範に最も近いのである、と。日々、目にする例の恐ろしい戦況報告によれば、負傷した日本人は敵が掘った塹壕に置き去りにされ、むごい扱いを受けている。それなのにロシア人コサックは「クリスチャン」と呼ばれる。［フランス革命で］断頭台に向かうロラン夫人［Madame Roland］の嘆きを思い出す。すなわち、「ああ、自由よ！　汝の名においてどれほどの罪が犯されていることか」。それに引き換え、異教徒である日本人が日露双方の負傷者の看護をしている。衛生状態、医療技術、病の根絶、回復率――これらを近年の同様の統計と比べてみてほしい。外科医L・L・シーマン［Louis Livingston Seaman］博士の書物『東京から満州へ　日本軍同行の記録』。この本は個人的観察から圧倒的な証拠を示す。近代戦争の歴史において、これほど見事な記録はない。この場合のサマリア人こと日本人は、競争相手となるすべてのクリスチャンに勝っている。もしも主ご自身がここにおられたら、「忠実な良い僕だ。よくやった」［マタイによる福音書二五章二一節］と言われることであろう。日本は開戦したことで批判されることがあっても、それ以前に何年も辛抱強く自制したと褒められることは少ない。それでも、忘れてはならない。この戦いにおいて済物浦《チムルポ》の港付近で砲艦コレーエッツから先に発砲したのはロシアなのだ。南北戦争においても、最初の一発はサムター要塞で南軍が撃った。だれであれ、今後日の丸に向けて発砲する者は、この旗の背後に断固とした決心を見出すことであろう。それは星条旗のためにわれわれ北軍が志気を発揚したのと同様である。

一八七〇年代初頭、キリスト教に改宗した一握りの日本人は、ヨハネによる福音書十七章に助言を見出した。この聖書箇所こそ、伝道成功の鍵を握っている。もしも主がここにおられたら、きっとそのように助言なさったはずだ。帝国大学［開成学校］で教鞭をとるわれらクリスチャン教員も、同様の助言を試みた。キリスト教に改宗した日本人は不安と困惑の中で、こう尋ねた。極めて少数の日本人改宗者が日本でイエス・キリストの教会を組織するにあたり、一つにまとまるべきでしょうか、それとも、各教派の教師たちが強く勧めるように個々の教派に分かれて活動すべきでしょうか。わたしたちはこう勧めた。「聖書の精神に従ってゆきなさい。『すべての人を一つにしてください……そうすれば、世は……信じるようになります』［ヨハネによる福音書一七章二一節］」。彼らはまさにペリーが［日米和親］条約を結んだ場所である横浜に、日本人信徒のための合同教会[10]を建てた。最初の千ドルはキリスト教に改宗したハワイ諸島の人々によって捧げられた。日本に上陸した旅行者が最初に目にするのは、この堅固な石造りの大建造物であり、クリスチャンの一致を具現化したものである。

その付近は、かつてカトリックとロシア正教会の聖職者たちがをそれぞれの信仰ゆえに投獄されていた場所だが、そうした人々を解放したのが、この勝安房である。その勝安房が、今度は、東京からわたしのところまで中村［正直］という使者を遣わし吉報を伝えた。「君は日本の障壁を取り除いた。これでもう、日本人に科学とキリスト教の両方を教えられる」と。勝は、太政官［外務省］がわたしの契約に（自身がアメリカに送った原本にはなかった）条件を付け加えていたことを伝えられていた。それはわたしにキリスト教について語ることも教えることも三年間禁じるというものだった。わたしは署名を拒んだ。経済的困窮に直面するのはわかっていたのだが。それを知った勝安房と岩倉［具視《ともみ》］（わたしと岩倉の息子たち［具定《ともさだ》および具経《ともつね》］は、ニューブランズウィック以来の知り合いだ）は二人して太政官に撤回を迫り、この好ましからざる条件は取り下げられた。

それからまた、わたしは数年後にバイブルクラスを始めた。東京大学［開成学校］の法科と理科の学生を対象とした（わたしの自宅で日曜日だけ開講する）二つのクラスである。勝安房は笑顔でわたしの勇気をほめ、励ましてくれた。一方、当時の畠山校長はぽつりと言った。「むろん、わたしが公然と許可するわけにはいかない」。それから、意味ありげな視線を向けつつこう付け加えた。「だが、やりたまえ。神のご加護があるように。わたしはそれについて表向きは知らないふりをしよう」

日本はこれまで宗教史上最も暗い時期を過ごしてきたのであり、この日出《いず》る国から信仰の光が燦然《さんぜん》と輝くのは、これからである。ここには熱心な信仰生活を送る資質が潜《ひそ》んでいる。今まさに、聖霊が宿ろうとしている場所。「突然、激しい風が吹いてくるような音が天から聞こえ」［使徒言行録二章二節］、ペンテコステの驚くべき出来事が起こる場所。わたしがそのような場所を探すとすれば、それは日本であろう。わたしが勝安房に宿舎として宛てがわれた、あの古い仏教寺院の畳敷きの部屋で聖書を教えていたとき、そこに聖霊が降臨し力がみなぎるのを感じた。キリスト教会の説教壇やクッションのきいた会衆席で感じるのよりも強く感じられた。わたしの困窮は、神の好機であった。神はわたしたちを「窮地に立たせる」。言葉が通じない、試練を受ける、危険がある、といった困難に置かれる。あるいはやがて、より深刻な状況に置かれるのかもしれない。ちょうど主イエスが［十字架刑の直前に］ゲッセマネの園で深い闇に包まれ［苦悶の祈りを捧げ］たように。そんな時、わたしたちは神を畏れつつ学ぶ。神がどんなお方か、わたしたちが仕えるのはどなたか、ということを。

ダイ・ニッポン［大日本］のみならずアメリカの地においても、わたしは日本人伝道者を登用することで目覚ましい成果を得ている。彼らはまっすぐな信仰を持ち熱心に語る。彼らには神との霊的な交わりがはっきり見て取れる。それゆえ、われわれアメリカ人牧師もかなわぬほどの成果を上げている。日本は今日聖霊の神が力強く働かれる最先端の地である。父なる神が人の子らにいかなる驚くべきみわざを成し得るかお示しになるであろう。

数年前、わが良き友ジョージ・C・ニーダム［George C Needham］師が伝道旅行で日本を回った時、わたしは勝安房に会ってほしいと手紙を書いた。質素で閑静な勝の家には、それま

勝安房家の三世代
――右が祖母の勝夫人

ジャパニーズ・アメリカンである、勝安房の孫たち――ウォルターおよびバーサ・ホイットニー・カジ

でにも多数の著名人が訪れた。殺しに来た者から援助の手を差し伸べるために来た者まで訪問の目的は様々であったが。わたしはニーダム師に紹介状を送った。師はすぐに日本人牧師を通訳に伴い、勝を訪問した。

勝安房は紹介状を読むとニーダム師を丁重に迎え入れ、師の語る福音の真理に一時間あまり耳を傾けた。フィリポと「エチオピア人の」宦官の会談［使徒言行録八章二六―三九節］のように、ごく短いものではあったが、（後で引用する手紙が示す通り）その効果はこの会談に匹敵する。締めくくりに師は、若干ためらいつつこう尋ねた。「祈りますので、跪《ひざまず》いてもらえますか」と。勝はすぐに応じた。祈りの言葉は、日本人牧師によって一文ずつ訳された。祈りが終わり立ち上がると、勝は涙で目を潤ませつつ伝道者の手を取り、落ち着いた声で「人生最大の栄誉です」と感謝を伝えた。日本人はめったに感情を表に出さない。だが、まさにこの場所で暗殺をたくらむ者と恐れず向き合ったこの人は、十字架の単純明快な物語に心を掴《つか》まれた。ひとたび十字架の真理が見い出されるや、それは救いに至る神の力として受け容れられたのである。

あまり知られていないが、勝安房の子息［梶梅太郎］は故ウィリアム・C・ホイットニーの令嬢ミス・クララ・ホイットニー[11]（現アメリカ合衆国在住）と結婚した。彼女は「カジ」と名乗っているが、これは船の「舵」を意味する［表記は「梶」］。勝の孫たちは勝安房の最後の願いにより米国で教育を受けている。この興味深い一家の母親［クララ］から今週手紙が届いた。手紙と一緒に送られてきたのは、日米にルーツを持つ六歳から十六歳までの子どもたちの素晴らしい写真である。ここに掲載した一枚［61ページ右写真参照］は、年長の二人、すなわち十五歳と十六歳の子の写真である。もう一枚の集合写真［同左および66ページ写真参照］は勝家の三世代であり、［66ページ写真の］中央にいるのが勝［民子］夫人である。こちらの写真は一八九五年、自宅に招かれ食事をもてなされた後、年老いた勝自身からもらったものである。食事会の最後に勝は家族全員を連れてきて紹介してくれたのだが、またとない特別な栄誉であった。勝安房夫人は、この小著の主人公の忠実な妻である。この［クララの］手紙の中で勝安房夫妻のことが感動的に言及されている。その一部を許しを得て引用する。

どうかあらゆる意味で真に高潔な人生の物語を書いてくださいますように。わたくしは十三歳［来日時満十四歳］の時から勝安房伯爵を知っています。それ以来、勝家とは親しくも有り難い交わりを続けてきました。もちろん、伯爵の政治的な経歴はほとんど知りませんでしたが、家庭生活では会う人すべてから深く尊敬されていました。

わたくしにとって伯爵は常に良き助言者であり、子どもたちをとてもかわいがってくれました。わたくしが子どもたちを連れてアメリカに帰国したのは、伯爵の勧めがあったからです。「あの子たちには大いに期待してるんだ。君のご尊父で、わが良き友のウィリアム・C・ホイットニーの孫だからな」と言ってくれました。

伯爵自身には四人の息子と三人の娘がいました。長男［小鹿］はアナポリス［海軍兵学校］で学びましたが、東京で亡くなりました。次男は幼くして世を去り、四男も最近亡くなりました。わたくしの夫［梶梅太郎］は三男で、存命している唯一の男系の子孫ということになります。（すでに述べた理由で[12]）栄光ある勝の家名を継ぐ責任を負わず、「カジ」

の姓を名乗ることにしました。

日本は長子相続制ですので、伯爵の逝去により爵位を失うことになります。そこで、勝家は静岡在住の旧家徳川家から、慶喜公の子息［十男の精《くわし》］を伯爵の亡き長男の跡継ぎとして勝家に養子に迎えることにしました。十二歳の男の子です。この養子縁組は、おじい様の元主君への最後の恩返しとなります。勝家としては、かつての主君にすべてを捧げることが、老伯爵の忠義の人生を締めくくるのにふさわしいと考えています。そういうわけで、徳川慶喜公の子息が、勝の家名と財産の継承者となる手続きを伯爵亡きあとに執り行われました。伯爵の娘たちについて申しますと、末娘［逸子］は大韓帝国政府財政顧問である目賀田［種太郎］氏に嫁いでおります。他の娘たちは既に夫に先立たれ、実家で暮らしています。

わたくし自身の（六人の）子どもたちも、よく、伯爵と会って話をしたものです。どの子も、おじい様と祖国日本に対して恥ずかしくない人間でありたいと願っています。わたくしのアルバムには伯爵の署名と共に美しい詩が残されています。「蓮はお堀の泥の中で育つが清らかに香る」という意味の詩です。きっと、わたくしたちの人生も同じなのでしょう。逆境にあっても、この花のように優しく清らかになり得る、ということを表現しているのだと思います。

あなたがおっしゃる、勝安房伯の言葉が収められた小冊子［『海舟餘波』］を編纂したのは、東京のキリスト教主義女学校［明治女学校］の校長であられる巌本［善治］さんです。勝安房の言葉をじつに丁寧に、そして鮮やかにまとめてくださいました。不愛想な外見に隠れがちな伯爵の高潔な人柄を、よく見抜いておられます。

今でもありありと思い出すのは、オオミソカ［大晦日］の晩の出来事です。伯爵は変装して貧しい家々を回りました。正月用の餅も買えないような家です。餅には厄除けの意味があり、新年には欠かせない縁起物です。そうした家の人に、伯爵は黙って紙包みを差し出します。それは餅を買うのに十分なお金を包んで封をしたものです。こうして「求める者には与えなさい」［マタイによる福音書五章四二節］という救い主の教えを（知ってか知らずか）文字通り守っていました。

それはまさに今、あなたが懸命に手を差し伸べようとされているような家々です。あなた方の尊いお働きが成功することを祈っております。伯爵もきっとそう祈ったことでしょう。

この悲惨な戦争で父親を亡くした何千人もの気の毒な子どもたちに、同情を禁じ得ませ

勝安房一家の人々——中央近くに勝夫人

ん。何か助けになることができればと思います。すべての国の寡婦と孤児の上に神のご加護がありますように。そのために神があなたに力を貸してくださいますように。

伯爵はこうした慈善に非常に熱心でしたので、手持ちの金すべてを差し出してしまうことがたびたびありました。静岡出身の貧しい学生たちが、伯爵を頼って家を訪ねてくることもありました。そのような時には、伯爵は色紙に名句や格言を書き、絵を描き添えて「これを売って生活の足しにしなさい」と言って渡しました。伯爵の揮毫には、それだけで常時五円（五ドル）の値が付いたのです。

伯爵の寛大なことと言ったら、それはもう驚くべきものでした。害を受けたり傷つけられたりしても、根に持つことなく笑い飛ばしました。何か起こっても怒りませんでした。思い出すのは、勝家の人々を人力車で運ぶ、うっかり者の車夫のことです。皇居の近くの坂道を駆け下りていた時、荷車とぶつかりました。伯爵は地面に投げ出されて怪我をしましたが、ちっとも怒らずに笑っていました。わたしたちは「あの車夫には辞めてもらいましょう」と言ったのですが、伯爵はこう答えました。「いや、あいつはこの先貴重な人材だ。これに懲りて、これからはもっと気を付けるはずだからな」

伯爵の人生についてより詳細なものを世に出してくださるのでしたら、わたくしは愛すべき、誠実な奥様への賛辞を書き添えたいと思います。勝夫人は終生伯爵の伴侶として歩んで来られました。絶大な信頼を得ていたのは、間違いありません。夫人の生涯は、ご自身が語ってくれたところによりますと、一篇の小説のようです。わたくしはこう信じて疑いません。伯爵がいかに有名であっても、どんな状況でも心から信頼できる人が家にいなければ、これほど輝かしい生涯を送ることはできなかったはずです。奥様はまた、わたくしにとって日本の義理の母でもあります。日本女性のすばらしい資質をすべて兼ね備え、日本女性の持つ欠点はいささかも持っておられません。わたくしの（アメリカ人の）実母が亡くなった時、この心優しき女性はそばに来てくれました――その時、わたくしはほんの子どもで、本当にさびしく、悲しかったのです！　わたくしの肩にそっと手を置いて、こう言いました。「お母さんは天国に行ってしまわれた。神さまに召されたんだよ。これからは、わたしがあなたのお母さんになるからね」。そう言って、義母はわたくしを腕に抱き寄せました。この時から、もう一人お母さんができた気がいたします。それでも、この人は「異教徒」と呼ばれるのでしょうか。

義母はもう年老いて体も弱っていますが、心には慈愛の火が明るく灯っています。知り合ってから長い年月が経ちますが、ほとんど非の打ち所がない人なのです。いつかわたくしも『わが愛する婦人』という題で、伯爵以上に高潔な生涯を小さな本にまとめてみようかしら。義理の両親について話し始めると止まらなくなります。あなたのように勝安房をよく知り慕ってくださった方に対しては、なおさらです。

勝安房伯爵が亡くなる一、二週間前のことです。兄は伯爵の口からキリストを信じるという告白をはっきりと聞きました。それを聞いて、わたくしたちは喜びました。とはいえ、伯爵がいかなる時も神の国から遠く離れてはいないことは、家族のだれもが感じていました。しばらく前から（ニーダム伝道師の訪問の後ですが）、伯爵はキリスト教について楽しそうに話していましたから。もっとも、あの独特の冗談めいた口調で言い添えるのですけどね。「公に信仰告白する気はないよ。宣教師たちに始終説教されるのはかなわんからな」と。葬儀はあのように荘厳な仏式のものでしたが、死期が迫る頃には伯爵はもう仏教徒ではありませんでした。葬儀は国葬［正式には国葬ではない］でしたので、それについて家族が申し上げることは何もございません。突然のことでしたが、わたくしは臨終の場に居合わせました。家内中で死を悼む泣き声ときたら、それはもう大変なもので（わたくしは存じませんでしたが、これが日本の慣習とのこと）、今でも耳に残っています。

繰り返しになりますが、故人は生前、慈善活動に熱心でした。あなたが現在日本の孤児のため取り組んでおられる同様のお働きの上に、神様の祝福がありますように。

敬具

クララ・ホイットニー・カジ

文中の「兄」とは、以前米国公使館に［通訳として］勤めていた医師の［ウィリス・］ホイットニーである。この人は勝安房の自宅に隣接する土地に東京で最初の病院の一つを設立した［赤坂病院。後の日本基督教団赤坂教会］。一方、わたしが静岡を去った後、静岡の家には、トロントのウェスレアン・ミッション［カナダ・メソジスト教会］から派遣された宣教師で医学博士のマクドナルド［Davidson MacDonald, 1836-1905］が、勝安房の許可を得て住むことになった。そして、勝安房の厚意で提供されたまさにその建物に、マクドナルドも国内最初の病院を設立した[13]。後にここから［マクドナルドが自宅で開いたバイブルクラスから］国内初の自立した日本人教会が生まれた［「国内初」については16ページの訳注3を参照］。結局のところ、勝安房は自分なりに伝道の一翼を担っていたことになる。

勝の晩年には、またしても敵味方の双方を同時に気遣う場面があった。［日清戦争における］威海衛の戦いで清国海軍の指揮を執った老大将［丁汝昌］が、その少し前［一八九一（明治二四）年来日時］に勝を訪問し、勝の口から「維新」の頃の話を聞いていた。年老いた二人の船乗りの間には、強い友情が芽生えた。それからまもなく、威海衛で日清の海戦が起こる。勝の心中は穏やかではなかった。一方ではかつての教え子伊東中将が日本軍の指揮を執り、もう一方では清国人の新たな友が清国軍の指揮をしていたからだ。それゆえ、勝はここでも両軍に心を寄せ、案じることとなった。清国軍の大将は自分たちばかりでなく清国の未来のために降伏し、それによって二百人の有望な若い士官の命が救われる。それを知って、勝は大いに安堵した。

一八九九年一月の『ジャパンタイムズ』紙の記事はこう伝える。

勝安房伯爵は午後三時に入浴後まもなく、深刻な脳症［脳溢血］に襲われた。……あらゆる階層の人々が挙《こぞ》って「氷川町の賢人」と呼ばれた伯爵の死を悼んだ。今月十九日の晩逝去。享年七十三。これにより、日本はこの時代の最も傑出した人物を失った。貧しい家庭に生まれ、意志と能力を尽くして自らの道を切り開いた。徳川幕府の最も有力な人物となる。彼こそは徳川の世から明治時代への移行を平和のうちに成し遂げた人物である。将軍慶喜に最も影響を与えた。彼が忠誠の方向を誤り官軍に武力で抵抗するよう導いていたら、明治維新（レストレーション）は流血の惨事となっていたことであろう。

また、『月刊 日本伝道者』（*Japan Monthly Evangelist*）誌は以下のように伝えている。

彼の死により、日本は最も尊敬に値する公人を失った。この政治家こそは、日本海軍の最初の指揮官となった人物である。日本の歴史上最初の海軍学校を設立した。最初の海軍卿となった。彼の知恵により現天皇への大政奉還が執り行われた。つまり、彼のおかげで「ミカドの帝国」が実現したと言えよう。

功績が認められて、晩年、勝安房は華族、伯爵、枢密顧問官となる。亡くなる一月ほど前、天皇はまた勝に旭日大綬章を授けた［33ページ写真参照］。

ミカドは葬儀費用の一切を負担し、三千円（三千ドル）をこのために送った。さらに、侍従長を遣わして供物の花、菓子、絹織物三反を遺族に贈った（これらは葬儀用の贈答品である）。葬儀は仏式で執り行われた。「くれぐれも不必要に金をかけたり飾り立てることのないように」という故人の願いに従い、簡素で心のこもった式が行われ、香典の大半は貧しい人々に贈られた。

ミカドは以下の言葉を贈り、遺族に弔意を表した[14]。


故勝安房は、すぐれた見識により、幕末に国防のための海軍創設を奨励した。大政奉還の折りには、かつての主君徳川に進言し、それまで委任されていた権力を平和裏に放棄させた。その後、多くの役職に就いた故人は、ますます誠実にその職務を全うした。

このたびの訃報に接し、宮中は深い悲しみに包まれている。ここに侍従長を遣わし、敬愛する亡き臣民の遺族に弔意と供物を贈る。

睦仁

訳注

1 福井のグリフィス、熊本のジェーンズ、静岡のクラークを指すと思われる（「解説と解題」101ページ以下参照）。なお、次段落にある、勝がグリフィスを福井に配属したという指摘は事実ではない。

2 元姫路藩士。正確な生年は不明だが、この後で書かれているように中村正直が記した墓碣銘には「明治六年一月二十七日」に「年僅二十」で喀血して没す、とある。

3 一八七四（明治七）年九月二十七日創立、日本メソジスト静岡教会（現在の日本基督教団静岡教会）。「自立した」「自給の教会」とあるが、実際には長らくカナダ・メソジスト教会の援助を受けていた。なお、日本初のプロテスタント教会は一八七二（明治五）年創立の横浜海岸教会である。

4 一八四二年―一八七六年。旧薩摩藩士。イギリス留学後アメリカに渡り、ラトガーズ・カレッジ在学中にクラークと知り合う。クラークは彼を one of my best friends と呼び（グリフィス宛書簡）、数年後東京の開成学校において（校長と外国人教師の立場で）再会を果たす。第四章も参照のこと。

5 （前段落末から）中村の墓は台東区谷中、下条の墓は豊島区駒込だが、勝の墓は大田区南千束、畠山の墓は青山霊園（港区南青山）で、それほど近くはない。

6 本段落と以下数段落の記述には時系列その他で不正確さが見られ、蘭書翻訳勤務、その後の長崎行きは実際にはペリー来航後のことである。また、長崎の海軍伝習所と神戸の海軍操練所も混同されている。

7 「解説と解題」83ページ図4参照。これらの品がペリーの寄贈であるという証拠は無い。

8 海舟の『幕府始末』原文では「関東の士気」となっているが、クラークの文章では" the spirit

of Kwanto (war)“となっており、英訳を読んだクラークが「敢闘精神」の意だと誤解したのだと思われる。

9 実際は一八九六（明治二八）年十一月、東京滞在時に勝海舟の仲介により写真を送付してもらっている。その何日か後、今度は慶喜邸内の写真を撮りたいという希望をクラークは寄せたが、断られている（前田匡一郎『慶喜邸を訪れた人々―「徳川慶喜家扶日記」より』参照）。

10 現在の日本キリスト教会横浜海岸教会（一八七二年創立）。一八七五年に献堂された大会堂は、一九一〇年まで横浜ユニオン教会（在留米国人向け、超教派）と共同で使用された。

11 Clara A. N. Whitney,1860-1936. 商法講習所（一橋大学の前身）のお雇い外国人教師として一家五人で来日したウィリアム・C・ホイットニーの長女。様々な事情から、勝海舟邸内の別棟で一家は暮らすことになり、やがてクララは梶梅太郎（一八六四―一九二五。生母は海舟の長崎時代の愛人・梶玖磨）と結婚する。長年にわたって書き続けられた日記は有名で、邦訳もある（「解説と解題」参考文献参照）。

12 この「理由」については本書で引用されていないが、梶梅太郎が勝の庶子であるという事実を初めて知ったとき、クララが驚いたことは『日記』にも書かれている。

13 現在の静岡市立静岡病院。実際には一八六九（明治二）年の藩立駿府病院が起源。廃藩置県後に一度廃院。一八七六（明治九）年に市内屋形町に再開された際、マクドナルドが顧問として迎えられ、週三日診療に当たった。駿府城内の旧クラーク邸とは別の建物である。

14 勅語原文は以下の通り。「幕府ノ末造ニ方リ体勢ヲ審ニシテ振武ノ術ヲ講シ皇運ノ中興ニ際シ舊主ヲ輔ケテ解職ノ實ヲ擧ク爾後顯官ニ歴任シテ勳績愈彰ル今ヤ溘亡ヲ聞ク曷ソ軫悼ニ勝ヘン茲ニ侍臣ヲ遣シ賻賵ヲ齎シテ以テ弔慰セシム」

解説と解題

本書は一九〇四年にアメリカで刊行されたEdward Warren Clark, *Katz Awa, "The Bismarck of Japan", or the Story of a Noble Life*, B.F.Buck, New York, 1904の全訳である。タイトルのKatz Awa（勝安房）とは勝海舟が本名の安芳《やすよし》と同音の安房守《あわのかみ》を幕末から明治初めまで官職名として用いたことから発している。「ビスマルク」とはドイツ帝国統一の立役者で「鉄血宰相」の異名を持つオットー・フォン・ビスマルク（一八一五―一八九八）を指す。本書はこれまで何度か邦訳されたことがあるが（文末の参考文献を参照）、現在市場に流通している刊本は無く、掲載の写真も含めた完全版として翻訳されるのはこれが初めてである。原本は横約十センチ、縦約十四センチ（いわゆるA六版）、約百ページからなる小冊子で、図1にあるように表紙には「海舟勝安芳」の署名が印刷会社のミスで上下逆に印字されている。本書の成立事情について

図1　原著表紙
静岡県立中央図書館所蔵

語る前に、まずは著者の経歴について、特に勝海舟（以下海舟）との関係に注目して記しておきたい。

来日の経緯

エドワード・ウォレン・クラーク（以下クラーク）は一八四九年、アメリカ東海岸のポーツマスに生まれた。父はプロテスタント組合派の牧師であり、伯父や兄弟を含め、多くの教会関係者を輩出する敬虔な家庭に育った。一八六五年、ニュージャージー州にあるラトガーズ・カレッジに入学し、理化学を中心にさまざまな学問を修め、その後スイスに留学して神学を学ぶ。ラトガーズでは当時、日本からの留学生が数多く学んでおり（その中には海舟の嫡男・勝小鹿《ころく》も含まれていた）、彼らとの交際によって日本という国に興味を持つようになったと思われる。さらに同級生の（ただし六歳年上の）ウィリアム・エリオッ

図２　クラーク肖像写真
飯田耿子氏提供

ト・グリフィス（William Elliot Griffis, 1843-1928）が、一足先に日本の福井藩でお雇い外国人教師となって赴任（一八七一年三月――以下特に断りの無い場合、日付はすべて陽暦）したことによって、自分も同じ道に進もうと準備を始める。本書にも書かれているように、クラークは幼い頃ニューヨークに住んでいた時期があり、一八六〇（万延元）年の遣米使節団がブロードウェーで行進する様子も目撃している（このとき、海舟は「護衛艦」としての咸臨丸でサンフランシスコまで航海している）。俄《にわか》に国際社会に登場してきた日本という国の存在が、当時十一歳のクラーク少年の脳裏に刻み込まれたという遠い背景もあっただろう。

もちろん、当時の日本においてお雇い外国人は厚遇され、政府高官並の給料が約束されていたことも魅力の一つではあった。しかし、それ以上に、新しく勃興しつつある日本に西洋の近代科学や文化、そしてとりわけキリスト教を伝えたいという思いが彼を突き動かしていた。クラーク自身、当時はまだ平信徒であったものの、将来的には牧師になる志望を早くから持っていたのである。

この間、日本の静岡では、明治初年に開校した静岡学問所に外国人教師を招聘しようという動きが進んでいた。同学問所は維新後、幼くして徳川宗家を継いだ家達《いえさと》と共に東京から大量に移住してきた旧幕臣たちの中から、学問に秀でた者たちを教員として採用することで成立した学校である。幕末における江戸とその周辺の教育機関をそのまま移転させた観を呈し、当時の日本で最先端の教育を行っていた。伝統的な漢学や国学にも優れた人材は多かったが、特に洋学部門には幕末の留学経験者を含めて精鋭が揃い、一部では英仏語を直接用いた専門的教育も行われていた。その教育体制をさらに充実させるため、学問所筆頭教授であった中村正直《まさなお》（敬宇）が、駿河府中藩（廃藩置県後は静岡県）の幹事役を務めていた海舟に、外国人教師の雇用を提案する。海舟は福井藩にグリフィスが雇われたこと、かつ留学中の小鹿がグリフィスから英語を学んでいたことを知っていたため、この「倅《せがれ》［の］先生」に宛てて教師の紹介を依頼する。

　グリフィスによれば海舟から届いた手紙には「正規の教育を受けた、それを職業とする紳士を望みます。生計をたてるために教えることになった職人や書記はこまります。できればあなたと同じ学校の卒業生を望みます」（グリフィス『明治日本体験記』）旨の依頼があった。当時日本全国にいた数多くのお雇い外国人には、教育者の資質を欠き、素行的に問題のある者も少なからずあったため、このような依頼になったのである。これに応えてグリフィスは迷わずエドワード・ウォレン・クラークを推薦する（クラークはグリフィスおよびその姉のマーガレットと親しく、三人で一緒にヨーロッパ旅行をしたこともあった）。グリフィスから推薦の報告を受け取ったクラークは、実は赴任地が決まる前に日本行きの準備をすでに終えており、行き先が静岡となったことを知って喜ぶ。ラトガーズには静岡から派遣された留学生も数名いて以前から交遊があったからである。彼らから静岡の事情を改めて聞き、彼らの親族や知人に宛てた手紙多数に加え、小鹿から父海舟に宛てた紹介状も携えて、数日後にはもう日本に向かって出発したのであった。

クラークの貢献

クラークは一八七一(明治四)年十月二五日(福井のグリフィスが海舟からの手紙を受け取ったわずか三カ月後)に日本に到着し、まずは横浜に落ち着いた後、当時東京に滞在中の海舟の許を十一月二日に訪れている。しかしここで本書にも記されているように重大な契約上の問題が生じる。静岡県側から提示された契約書案の中に、キリスト教の布教を禁止し、宗教上の議論をしてはならないという項目が含まれていたからである。当時公的には未だキリスト教が禁教とされていたことから政府側が課した条件だったが、すでに幕末から開港地には宣教師も入り込んで宗教的な活動も盛んに行われていたことを考えると、あくまで建前的な条項と考えることもできた。しかし、極めて敬虔《けいけん》で、信仰面では妥協を許さなかったクラークは署名を断固として拒否する。「キリスト教徒が、三年間も異教徒の中に生活して、自分の心に最も密接な問題に完全な沈黙を守ることは不可能だ」（『日本滞在記』）と彼は語る。契約が破棄されれば渡航に要した費用や、日本で専門の理化学を教えるために本国で買い揃えた薬品・器具類の借金が返済できなくなるという危険もある、思い切った拒絶であった。

ところが意外なことにその条項はすぐに取り消されることになる。ここには海舟の意図が強く働いていたのは間違いの無いところで、本書で書かれているように、やはり息子二人をラトガーズに留学させていた岩倉具視《ともみ》（当時外務卿）とのコネクションも関係しており、翌年のキリスト教禁令撤廃に向けた日本政府の姿勢の変化もあっただろう。それでも当時二十二歳のクラークにとっては、自らの主義主張を曲げずに日本政府をも動かしてキリスト教禁教に楔《くさび》を打ち込んだ記憶として、後に誇りをこめて何度も回顧することになる。開港地以外では、禁教時代に政府からキリスト教を伝える許可（黙許）を得た希有な外国人となったのだから、それも無理のないところだろう。

ともあれ、最大の懸念事項が解消してクラークは静岡に向かい、まずは蓮永寺（現静岡市葵区沓谷）に居を定める（図3）。ここを宿舎に決めたのも海舟である。蓮永寺は現在でも多くの旧幕臣の墓が残っていることからもわかるように、徳川家と古くから関係が深く、何よりもこの前年、海舟の母・のぶ（信）が死去した際に墓所として選ばれた名刹であった（この墓の存

図３　蓮永寺　本人と僧侶らも写っている
（クラーク撮影）早稲田大学図書館所蔵

在もあって、クラークは海舟の生まれ故郷を静岡だと誤解したのだろうか）。ここから城内にあった学問所まで、クラークは徒歩か馬で通う毎日が始まるが、未だ攘夷の気風が残る中、境内に護衛も常駐させ、送り迎えにも警護が付いた（海舟は「洋人」を雇い入れるにあたって「殺害、無礼」を働くことのないよう、山岡鉄舟らを通して藩士たちにあらかじめ命じているが、実際に襲撃未遂事件もあった）。学問所ではクラークが教える教場として「伝習所」が設けられ、朝から夕方まで忙しく立ち働く日々が始まる。授業は基本的に英語とフランス語を用い、通訳を介して専門の理化学やその他の教育が行われた。学問所の生徒たちの礼儀正しさ、学業の飲み込みの速さに驚愕した様子は『日本滞在記』にも本書にも描かれている。

一方、クラークの大きな関心事であったキリスト教の紹介については、最初の休日にはもう、蓮永寺の居室でバイブルクラスを始めている。地域の日蓮宗信仰で重要な地位を占めていた寺でのキリスト教講義は、海舟や県の上層部の許可がなければ当然できなかっただろう。出席者は主に学問所の学生たちだったが、寺の僧を招いたこともあり、中村正直はその常連で、自宅(現葵区大岩)から沓谷まで足繁く通った。明治期の大ベストセラーになったスマイルズの『西国立志編』に続けて、明治五年に中村が翻訳出版し、明治期の自由民権運動にも大きな影響を与えたジョン・S・ミルの『自由之理』に、クラークは英文の序文を執筆することになる。後に受洗に至る中村正直のキリスト教理解に、クラークは大きな影響を与えた。

図４　実験室内のクラーク
(クラーク撮影) 早稲田大学図書館所蔵

本書第一章でも描かれるように、優秀な通訳兼助手にも助けられ、教え甲斐のある生徒たちとの日々は教師冥利に尽きるものだった。同年の一月に福井から新たな赴任先である東京に向かう途中、静岡を経由したグリフィスは、自らの仲介によって旧友クラークが置かれることになった境遇を羨んでいる。県側の配慮は手厚く予算も潤沢で、当時の日本で静岡はまさに「学者のパラダイス」(Parker, 2010)とも言うべき町であった。その環境を整えてくれた海舟は

図５　静岡学問所の外観
クラークらしき人物や生徒たちも写っている
（クラーク撮影）早稲田大学図書館所蔵

一八七二年二月七日、すなわち陰暦明治四年十二月二九日に静岡に戻り、早速大晦日にクラークの住む蓮永寺を訪れ、正月二日にはクラークも海舟宅を訪問する。この時期の『海舟日記』には「クラルク」（もしくは「カラーク」「米教師」、後に「クラーク」）とその関連の記述が何度も現れている。

しかし順風満帆に思えた静岡での教師生活も、実は赴任直後からすでに暗い影が差していた。早くから静岡学問所（および同時期に作られた沼津兵学校）の教員・生徒は人材不足に悩む新政府の草刈場になっており、優秀な同僚、生徒たちが続々と引き抜かれていったのである。最も厚い信頼を寄せ、キリスト教に関する話題を英語で論じ合うことができた中村正直も、本人はこのまま静岡で研究と翻訳の作業を続けたいという希望を持っていたようだが、中央からの依頼を断り切れずに上京してしまう。

さらに同年九月に発布された「学制」は明治政府の中央集

権的教育制度を確立させた政策で、地方の諸学校はほとんどが廃止となり、静岡学問所も閉校のやむなきに至る。クラークの教える「伝習所」だけは私学として存続を認められるものの、状況は日に日に悪化していった。クラークにもこの段階で東京への転居を勧める打診があったようだが、この地には「有望で広大な可能性の原野が広がっている」と言って静岡に留まることを宣言する（本国に送った書簡による）。こうした教育政策の動向に対してクラークは政府（文部省）に対し意見書、もしくは抗議文を提出している。その文書は「諸県学校ヲ恵顧スルコトヲ勧ムル建議」と題され、主に次のような主張から成っていた――教育の中央への集中は地方における教育の活力を失わせるだけでなく、日本全体の利益を損なう。それは身体を健康にしようとして手足や骨を鍛えず、心臓だけを強くしようとするようなものである。そもそも重要な高等教育機関を大都会に置くべきではない。誘惑が多すぎて勉学に身が入らない。諸外国を見ても有名な学校は一国の首都、大都会にはない。オックスフォード、ケンブリッジ、ハーバー

図６ クラークと生徒たち
（クラーク撮影）早稲田大学図書館所蔵

ド、ハイデルベルクなどがその例である、等々。しかしながら、静岡を学問の府にすべきだとのクラークの主張は顧みられなかった。この文書は半世紀以上経ってから吉野作造によって偶然発見され、現代における東京一極集中の弊害をすでに見越したような卓見に、吉野は「之に現はれた彼れの見識に敬服した」と述べている（吉野作造「静岡学校の教師クラーク先生」）。

一方、中村より早く、この年の四月（陰暦三月）には静岡におけるクラークの生活全般を支えてくれていた海舟が最終的に上京して新政府の海軍大輔の地位に就き、同様にクラークの活動に理解を示していた大久保一翁は東京府知事となる（静岡を離れるにあたって息子をクラークの許にしばらく預けたことは本書にも書かれている）。この後県の上層部には、駿河の地から徳川家の再興を誓った旧幕臣たちとは異なる他藩出身の役人が座り、クラークが教育にかけた情熱も生かし切れない毎日が続いた。

だが東京に移ってからも静岡の状況に何くれと無く配慮と援助を行っていた海舟は、クラークの生活条件を整えるためにも力を尽くしてくれた。その一つが新邸の建築で、城内にあった学校への通勤の便宜と警備上の必要性から、駿府城内に新たに邸を建てることとなった。クラークはこれを「勝氏の個人的な厚意」による建築だとしているが、徳川家の財産管理を任されていた海舟の配慮であり、『海舟日記』には「静岡教師館代料」として「三位様［徳川家達］から五百両［円］来る」（陰暦明治五年六月廿二日付）の文も見える。この年の十二月頃に完成した建物は石造り二階建ての豪華な邸で、設計はクラーク自身であった（クラークは大学で製図法も学んでいた）。西洋建築、さらに内部の造作など見たこともない職人たちを手取り足取り指導し、かつ職人たちがそれに見事に応えた様子は、『日本滞在記』にも詳しく記されている。

図７ 駿府城西北隅に立つクラーク邸
（クラーク撮影）　早稲田大学図書館所蔵

クラークの果たした貢献として、専門の物理化学、その基礎となる数学幾何など科学全般の普及、あるいはキリスト教についての理解促進は改めて指摘するまでもないが、この城内の新邸を舞台にした西洋文明の紹介についても強調しておきたい。まずこの建築自体が近隣では（あるいは日本の地方都市全体でも）他に例を見ないもので、大変な評判になって多くの見学者を集めた。さらにその内部に置かれた調度に加え、特にオルガン（ハーモニウム＝リードオルガン）の響きに人々は仰天した。「［オルガンは］折りに触れて私の大きな慰めとなり、日本人たちの尽きざる楽しみと驚きの源になっている」とクラークは記している。地元の音楽家たち（むろ

図８ クラーク邸内部 左にオルガンも見える
（クラーク撮影） 早稲田大学図書館所蔵

ん日本の伝統的音楽の）を招いて、腕前を披露し合うセッションなども行っている。ちなみに、クラークが後に東京に移ってから、彼の弾くオルガンの響きに魅せられてキリスト教に接近することになる平岩愃保《よしやす》は後に明治期メソジスト教会の重鎮となり、静岡女学校（現静岡英和女学院）を設立するなど、静岡県全体のキリスト教普及に大きな役割を果たした。

クラークが高価なカメラを購入して当時の静岡の風景を撮った写真はきわめて貴重で、本書にも（本解説にも）用いられているが（後に海舟にアルバムとして贈呈）、さらにポケットマネーで幻灯機をフィラデルフィアから輸入している。幻灯は江戸時代から「写し絵」として見世物にも用いられていたが、蝋燭《ろうそく》や菜種油を用いた照明では映像も暗く、スクリーンもごく小さかった。クラークが輸入した幻灯機はマグネシウムランプを用いた最先端の機器で、異国の巨大で鮮やかな映像は学問所の生徒や一般市民に大変な驚きを与えた。ちなみに映画（活動写真）が発明される十九世紀末まで、幻灯は視聴覚教育の中心となって日本でも流行する。幻灯機を海外から初めて持ち帰ったのは手島精一（沼津藩士の子で後に東京工業大学の前身東京職工学校を設立）とされているが（岩本賢児『幻燈の世紀』）、クラークによる幻灯機輸入よりも遅い明治七年以降のことである。なお手島はアメリカ留学中にフィラデルフィアのグリフィス実家に下宿したことがあり、クラークとも交流があった。幻灯機の重要性認識について、クラークの影響があったのかもしれない。いずれにせよ、クラークは高価な幻灯機とスライドを私費で輸入したことについて、「私はこの地でもったいないような扱いを受けていて、そのお返しにできること」の一環だと述べている（契約時、給料の「月三百ドル」を示されたとき、文句が一つあるとすれば「多すぎる」ことだ、と感想をグリフィスに書き送ったクラークであった）。

図９　クラーク邸外観　図６・10の撮影場所は左の築堤上か（クラーク撮影）早稲田大学図書館所蔵

もう一つ西洋文明の紹介の重要な要素として、食文化がある。本書にも書かれているように、クラークの許には住み込みで仙太郎（愛称サム・パッチ）という料理人がいた。

図 10 養魚鉢の中のクラーク
（クラーク撮影） J.T.Knox 氏提供

彼は安芸（広島）出身の元船乗りで、難破してアメリカ船に救われ、十年の長きにわたってアメリカに滞在し、日本に帰国してからも横浜の牧師の家で料理人を続けた経験があった。英語はそれほど堪能ではなかったが、クリスチャン（バプテスト信者）にもなっていて、クラークにとって望み得る最高の料理人であった。蓮永寺時代から（海舟や県の役人も含む）多くの客たちに珍しい料理を饗応し、明治五年のクリスマスには四十人もの客を集めて本格的な西洋料理を振る舞っている（デザートはしばしば「ライスケーキ」で、「大変評判になった」とされているが、実際にはどのようなものだったのだろうか）。なお、仙太郎が熱湯を注いで割ってしまったという慶喜公の養魚鉢（50ページ参照）の写真は先年、クラークの曾孫にあたるジョゼフ・T・ノックス氏から本稿の筆者宛に送っていただいた。一部の研究書に掲載された画像でははっきりしなかったが、撮影場所は新邸横の築堤らしいことがわかる。

このように、クラークは西洋文明紹介の文字通り生きた「パイオニア」として、静岡の地に直接的・具体的な事例を次々に示した（後に太平洋岸唯一の商業油田が作られる静岡県相良から出た「臭い水」を石油と同定したのもクラークである）。そうした、西洋文明全体の伝道師たらんとする姿勢には、野蛮な異教の国を開化してやろうという傲慢さが無かったとは言えないが、当時の来日西洋人の多く（そして開明主義者の日本人たち）に共通していた姿勢だろう。これに絡めて強調したいのは、自身の生活ぶりもキリスト教徒として模範的存在であろうとする態度において、クラークはきわめて自覚的だったことである。「まず彼ら［現地の日本人］に分かってもらいたいと思ったのは、過去においていくつか他の地方がたっぷり出会わされたような、強欲で意地の汚いごろつきたちと私は違うのだと理解してもらうことである」と若々しい筆致で本国に書き送っている。当時日本に数多くいた「お雇い外国人」には当然のように「現地妻」を持つ風習があったが、クラークやグリフィスたちはそのような習慣には染まらなかったことも付け加えておこう。

東京へ転任、そして帰国

　このようにクラークは自らの身に付けた学識と、様々な近代的事物、さらに敬虔なクリスチャンとしての生き方を通じて西洋文明を静岡の地に伝えようと努めたことが分かる。そうした努力は地元の人々に十分に伝わってはいたが、多くの人材が中央に引き抜かれていく中で学校を取り巻く環境は日に日に悪化し、東京で働くグリフィスに向けて何度となく孤独を訴えている。その結果、かつて海舟や中村正直が東京に移り住んだとき、静岡にあえて残ろうとした強い意志も徐々に影を潜め、明治六年の後半からは自らも東京に移る決意を固める。この頃の『海舟日記』にはクラークの処遇に関する記述が何度か見られるところから、おそらくは海舟に対してクラーク側から依頼した結果（49ページでは「勝安房の依頼（もしくは命令）」とされているが）、開成学校への転任が決まるのである。

　一八七三（明治六）年十二月、クラークはグリフィスの同僚として開成学校で教鞭を執ることとなる（宿舎も同棟であった）。校長はラトガーズ時代の「親友」畠山義成がその直前に就任し、両者の数年ぶりの再会の場面は『日本滞在記』にも描かれている。休日には静岡時代と同じく、あるいはそれ以上に熱心にクラークはバイブルクラスを開催した。この年の始めに形式的には禁教が解けた後もキリスト教に対する世間の風当たりが強かった中で、後ろ盾に畠山

（アメリカ留学時に受洗）がいたことは心強かった。さらに海舟の援助も受けて中村正直が経営した「同人社」や自宅でも聖書講義を度々行った。

海舟との交流も続き、その伝手《つて》で例の幻灯機を用いた上映会を兵学寮で行い、ついには天皇皇后の御前で披露して、海舟が海軍軍楽隊を大量に動員してＢＧＭを付けたエピソードは『日本滞在記』にも本書にも書かれている。

一八七五（明治八）年、クラークは三年半近くの日本滞在に区切りをつけて、アメリカに帰国し、神学校に学んで正式に牧師（聖公会）となる。グリフィスも帰国後に牧師となり、とりわけ著名な日本学者として『ミカド』他多くの著書を発表しているが、子供の頃の怪我が原因で視力に問題があったクラークは執筆活動に長い時間をかけることができなかった。その分、

BEGINNING TUESDAY NIGHT
July 19
—AT THE—
OPERA HOUSE
First Night,
The Court
OF THE
Mikado.
—OR—
FOUR YEARS IN JAPAN.
An Illuminated Tour Through the Flowery Kingdom.
CONDUCTED BY
Prof. E. Warren Clark,
The Great Oriental Traveler.
Shown upon a new mammomth screen 30 feet square.
More enjoyable than a concert.
More entertaining than a play.
More charming than an opera.
Tickets for the Course, Including Reserved Seats, $1.00
WANTED.

図 11　1892 年、イリノイ州で行われたクラークの講演「ミカドの宮廷、もしくは日本での四年間」の新聞広告。「コンサートより楽しく、演劇より面白く、オペラより魅力的」という宣伝文句がある（Candee 2012）

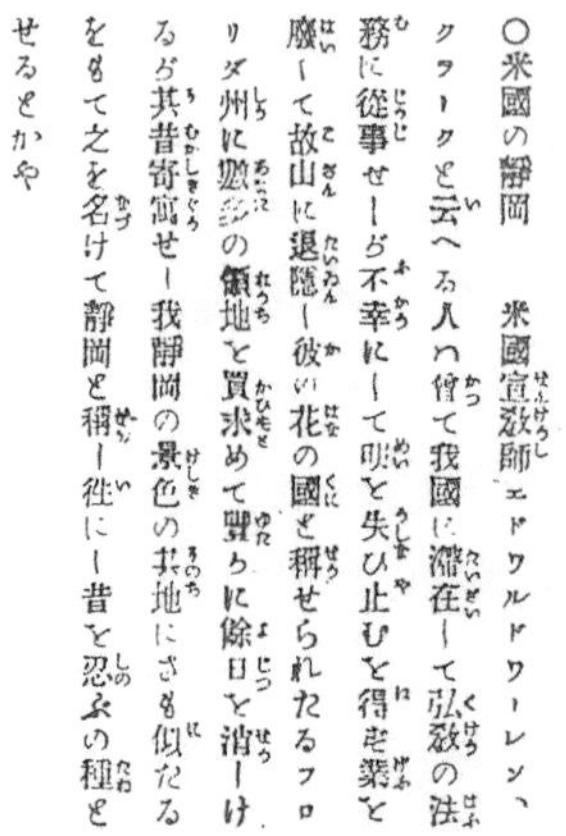
○米國の靜岡　米國宣教師《せんけうし》エドワルドワーレン、クラークと云《い》へる人ハ曾《かつ》て我國に滯在《たいざい》して弘敎《ぐけう》の法務《む》に從事《じうじ》せしが不幸《ふかう》にして明《めい》を失《うしな》ひ止《や》むを得ず業《げふ》を廢《はい》して故山《こざん》に退隱《たいいん》し彼《か》ハ花《はな》の國《くに》と稱《せう》せられたるフロリダ州《しう》に溫暖《あたゝか》の領地《れうち》を買求《かひもと》めて豐《ゆた》かに餘日《よじつ》を消《せう》しけるが其昔寄寓《むかしきぐう》せし我靜岡の景色《けしき》の其地《そのち》にさも似《に》たるをもて之を名けて靜岡と稱し徃にし昔を忍《しの》ぶの種《たね》とせるとかや

図12　静岡大務新聞明治十七年四月五日付
クラークが帰国後に失明し、牧師の職を辞したと書かれているが、むろん正しくない

幻灯機を用いて日本の事情を伝える講演を全米各地で行って、評判になっている（図11新聞記事参照）。ただし著作と違って講演活動は舞台芸術と同じく歴史に残りにくく、グリフィスとはその後の知名度に大きな差ができる一因ともなった。

一方、青年教師として初めて赴任した静岡の記憶はクラークの中に鮮明に残り、一八八三（明治十六）年にフロリダで経営することになった農園には「シズオカ Shidzuoka」という名称を与えた。静岡の人々にとって、帰米後のクラークの記憶は急速に薄れていくものの、このエピソードは『静岡大務新聞』にも掲載された（図12）。この頃海舟に宛てて、同農園で養蚕に携われる人間を十人ほど雇いたいという手紙も送っている（同事業の成否は分からないが、後に「シズオカ」農場には確かに日本人一家が入植した）。ちなみに駿府城内の邸はクラーク上京後、静岡に赴任した宣教師兼医師のマクドナルド（Davidson MacDonald、1836-1905）が住んで、クラークが蒔いた種を生かして何名もの受洗者を生み出し、（W・S・クラークの）札幌バンド、(L・L・ジェーンズの)熊本バンドなどと並ぶ、「静岡バンド」の形成につながっていく。クラーク邸がその後どうなったかは(火事で焼失したとの説もあるが)、不明である。

『勝安房』執筆の動機

右にも述べたように、帰国後のクラークは牧師としての活動と、フロリダの「シズオカ」農場の経営の合間に全米各地を巡って、日本および帰国時に経由したアジア各地の歴史や文化を伝える講演を行って有名になる。その資料収集も兼ねて、一八九四(明治二七)年に、数ヶ月にわたるワールド・ツアーを企画し、ガイドとして再来日する。当時は「グローブトロッター」と呼ばれる世界漫遊家が多く生まれ、アメリカでも海外旅行への関心が高まっていた時代であった。そのツアーが成功したことで、翌年にも再びツアーを敢行していて、この二度の日本訪問の際に、クラークは何度か海舟邸を訪れ、旧交を温めている。あるときはクラークの希望で徳川家達も同席し、本書冒頭に掲載された写真を撮っている。そうした訪問の際に、明治維新という世界史上でも有数の大変革で海舟が果たした役割について、クラークは質問を投げかける。それに答える形で海舟は『幕府始末』と題する小著を執筆し、その冒頭にこう書いている。「我が邦幕府、即ち、将軍政府の沿革大体に関し、米国教師クラーク氏来りて、余に教示を請うこと、極めて懇切なり。余即ち、記憶する所につき、その大略を筆記し、もってこれに与う」。さらにこれを出版した富田鐵之助は同書あとがきにこう記している。

この書は、海舟先生が、米国人クラーク氏の質疑に答えられんがため、幕府沿革のあらましをものせられたるものなり。クラーク氏は、明治の初めつかた、静岡藩の招きに応じ、英学の教授を勤めし人なるが、任期満ちて帰国し、十余星霜を経て、昨秋［明治二七年］、再び支那漫遊の途次、東京に来り、度々先生を訪ね、幕府の政度、維新の偉業に移りたる顛末を質したり。外人より観察するときは、幕府と徳川氏とは同一体にして、幕府のなき今日、徳川氏依然栄爵に在るは疑いの存する所ならん。我が国体を詳悉せざる外人の、しか思わんもまた無理ならず。これ先生が病床中に筆を採られて示されたるこの書の要旨なり。

江戸幕府が倒れたのに、なぜ徳川家は今でも名誉ある地位にいられるのか分からないというクラークの疑問に答えたのだという。同書の英訳を受け取ったクラークは、なぜか当初これを顧みなかったようだが（ただし同書の英訳版出版を模索したという証言も残っている）、十年を経て、すでに海舟が死去してから再び取り出し、本書 *Katz Awa* 執筆の重要な材料として用いることになる。クラークを本書執筆に動かしたもの、それは他ならぬ日露戦争（一九〇四年二月―一九〇五年九月）の勃発である。日清戦争の勝利後、富国強兵策をさらに推し進めた日本は朝鮮半島と満州の権益を巡ってロシア帝国と対峙することになる。世界史を揺るがすこの戦争について国際世論は沸騰し、アメリカでも交戦両国のどちらに肩入れするかで激論が戦わされた。ロシア側のプロパガンダも当然ながら盛んで、正教を奉じるキリスト教国ロシアが、野蛮な成り上がり国家日本の野望を打ち砕く、という方向での宣伝がアメリカでも行われて「黄禍論」の高まりに影響を与えた。これに対して日本側でも世論工作の必要が痛感され、伊藤博文枢密院議長の要請により、ハーバードで法学を学んだ経歴のある金子堅太郎がアメリカに派遣される。金子はかつての留学中にすでに面識のあったルーズベルト大統領と面会すると共に、一年半にわたってアメリカに滞在して各地で講演を行い、日本側の立場を訴えた。この間にクラークは金子から（直接か、アメリカの教会関係者を介してかは分からないが）書簡を受け取り、本書にもその内容が詳しく紹介されている。

一方、日本のキリスト教関係者からもクラークはいろいろとアプローチを受けており（その中にはW・S・クラークとも関係が深く、内村鑑三に洗礼を授けたことでも知られる宣教師メルマン・ハリス、青山学院第二代院長・本多庸一などがいた）、とりわけ戦争によって生まれた戦争未亡人・孤児たちへの援助という使命を人道的立場から果たすことを決意する。その寄付金集めの方策として考えられたのが、本書の出版であった。海舟から送られた『幕府始末』、および海舟の庶子・梶梅太郎と日本で結婚し、海舟の死（一八九九年）後アメリカに戻ったクララ・ホイットニー・カジから届いた長文の手紙も利用して、クラークはごく短期間で本書の執筆を行う（一九〇四年十二月）。もっとも、海舟を「ビスマルク」に匹敵する偉大な政治家だとして称揚する発想はこのときに突然浮かんだものではない。すでに一八九四（明治二七）年に日本再訪を果たすツアーの出発前、出港地のサンフランシスコで新聞記者のインタビューに答えた記事が、*San Francisco Chronicle* 紙に掲載されている（図13）。見出しは「日本の近代海軍／勝伯の比類無き企図／彼は帝国のビスマルクである／E・ウォレン・クラークがミカドの国を近代化させた人物について語る」となっていて、明

SEPTEMBER 24, 1894.

JAPAN'S MODERN NAVY

The Sole Project of Count Katsu.

He Is the Bismarck of the Empire.

E. Warren Clark Describes the Man Who Modernized the Mikado's Realm.

Rev. E. Warren Clark, the noted traveler, author and lecturer, is in the city with a party of friends en route on a tour of the world, and is stopping at the Palace Hotel. To-morrow they will leave on the steamer Oceanic for Japan, the country of which Mr. Clark has written so much, and concerning whose ruler and people his personal observations, made during several years' residence while in the employ of the Government, have done much recently to enlighten the Eastern press on the relations of the two warring oriental powers.

Mr. Clark has traveled over the entire civilized world and throughout a great portion of the uncivilized world. He attended the military school in New Haven; Rutgers College, New Brunswick, N. J.;

straits are directly opposite the Peninsula of Corea, forming the western entrance to the inland Sea of Japan, and will prove one of the most strategic points in the present war.

"In 1872 Katsu was called from his self-imposed exile at Shidzuoka, whither he had retired with the ex-Tycoon and his retainers, and was made Secretary of Marine in Tokio, becoming virtually the head of the Mikado's navy. With characteristic earnestness he set himself to work to build up a navy with ships superior to those he had seen sail up the Bay of Yeddo under Commodore Perry's ensign. He established a well-equipped naval college at Tokio, projected the extensive dry docks, navy yard and foundries at Yokosuka, twelve miles from Yokohama, employed French and English naval experts to superintend construction and sent his son and other youths to the United States naval academy at Annapolis to get an education. One of these young men, Matsudaira of Shidzuoka, now commands the leading war ship of the Japanese fleet, and we heard of him but recently in a naval engagement, in which he destroyed one of the big ships of China's fleet.

"Katsu also imported three American teachers to found scientific schools. One of these, Professor Griffis, afterward author of "The Mikado's Empire," he sent to Echizen, on the west coast of Japan. I was sent to his native city of Shidzuoka. The third, a graduate of West Point, he sent to Saga, in the south of Japan. From 1872 up to a recent date, when Katsu resigned the practical work as Secretary of the Navy into the hands of Saigo and turned his attention in his old age to literary pursuits, he was indefatigable

図13　サンフランシスコ・クロニクル紙（1894年9月24日付）

治維新の際に果たした海舟の役割と、当時行われていた日清戦争で奮戦する日本海軍の基礎を作った功績が語られている。本書の中核はすでに長年クラークの胸中に温められていた主題であることが分かるのである。ちなみに偉大な政治家を「ビスマルク」に喩える例は十九世紀後半において珍しいものではなく、日本では伊藤博文や山県有朋などにも付与されたことのある称号である。

本書の内容

本書はこのように寄付金集めが出発点にあったが、日露戦争中という特殊な状況下で、「異教」国である日本を、西洋のキリスト教社会に向かって弁護するという意味合いがあった。そのため、勝海舟という、非クリスチャンでありながらキリスト教的道徳を体現した偉大な人物が日本には確かに存在するという事実に光を当てたのである。この姿勢は、これより十年前、正に日清戦争中に『代表的日本人』（当初のタイトルは *Japan and the Japanese*（『日本および日本人』）を英文で書いた内村鑑三を思い起こさせる。同書で扱われる五人の日本人の中に、「新日本の建設者」として、冒頭で西郷隆盛が論じられていることも、本書 *Katz Awa* との比較に人を誘うものがある。クラークが同書を読んでいたかどうかは不明だが、日本人である内村鑑三が英文で世界に発信しようとしたことを、アメリカ人であるクラークが英文でアメリカ国民に訴えたということになる。本書は内村の西郷隆盛論と比較することで、さらなる興趣が生じるだろう。ただし、日清戦争においては日本弁護に邁進《まいしん》した内村が日露戦争に際しては非戦論の立場に立ち、一方で海舟はすでに日清戦争に反対して日露戦争勃発以前に亡くなっていることなどを考え合わせると、両者の比較は、「キリスト教と戦争」という大問題とも絡んで様々な考察が必要となろう。

いずれにしても、前節に書いたような事情からごく短期間で書かれた本書には、資料の不足、用いられた資料自体の欠陥や翻訳の問題などもあって、いくつもの事実誤認が散見される。海舟の伝記的事実自体については特に目新しいものはなく、海舟の評価にもいくぶん誇張があることは否めない。その中でクララ・ホイットニーからの手紙を引用する形で、海舟が死の直前にクリスチャンとなったとする主張は、本書の資料的な意義を高めている。ただし、海舟のキリスト教観については考慮すべき事柄があまりに多く、キリスト教を擁護する側からも、そうでない側からも、海舟＝クリスチャン説は右から左へ簡単には首肯できないものがあろう。けれども一九〇四年という段階においてクラークが海舟をこのような形で捉え、それがかなりの数のアメリカ国民に読まれた（本書は発売後六週間で一万部近く売れたとされている）という事実は重要である。周知の通り、日露戦争後さらに軍事的拡張を進める日本に対してアメリカの世論は急速に悪化を始め、一九二〇年代の排日移民法の成立などを経て、第二次世界大戦で最悪の状況に陥る。本書はその前、日米関係が希望に満ちていた時代を象徴する作品ともなっているのである。

海舟に関して事実誤認や過大評価があると右に述べたが、一方著者自身についての回顧の部分にも、いくつかの誇張があることは否定できない。その中で一点だけ、本書で何度か登場する（12ページや30ページなど）クラークを含む「新生日本の教育制度の礎を築いた」「三人の外国人教師」という記述について述べておきたい。同じ一八七一年に日本に派遣されたというこの三人が誰を指すのかについて、クラーク本人とグリフィスに加えたもう一人が不明である。しかし本解説の筆者は、これが熊本の洋学校で教え、「熊本バンド」の成立に貢献したL・L・ジェーンズ（Leroy Lansing Janes, 1838-1909）だと考えている。根拠の一つは、先に紹介した『サンフランシスコ・クロニクル』紙に載ったインタビュー記事である。同記事でもクラークは「三人のアメリカ人教師」に言及し、グリフィスとクラークに加えたその「三人目」が、名指しはしないものの「ウェストポイントの卒業生で、日本の南の佐賀に派遣された」と語っている。ジェーンズは確かにウエストポイント（陸軍士官学校）の出身であり、「日本の南」の洋学校で教えた。実はグリフィスおよびジェーンズの日本派遣に関与したのが、当時の日米交流に大きな影響力を行使したフルベッキ（もしくはヴァーベック G.H.F.Verbeck, 1830-1898）であり、クラークもフルベッキに日本での就職先斡旋を依頼していた。クラーク自身が熊本で雇われる可能性もあったようだが、先を越される形で一八七一年六月にジェーンズが赴いた（グリフィスの福井到着は一八七一年三月）。先にも述べたように、クラークは赴任地が決まらぬまま日本行きの準備を進めていたところに、同年七月グリフィスから静岡行きの話が飛び込んできたのだった。問題は同記事でジェーンズの赴任地が「熊本」ではなく「佐賀」となっている点だが、これはフルベッキが長崎にあった佐賀藩設立の英学校・致遠館で教えたことなどから生まれた、クラークの誤解か記憶違いではないかと考えられる。

以上のように、本書にはいくつか不備があるものの、全体は勝海舟賛美であるとともに、クラークが生命の危険を冒してまで若き情熱を賭けた日本へのノスタルジーを込めた回想録ともなっている。帰国後数年で書かれた『日本滞在記』にはまだいくぶん残っていた「異教」国日本を見下すような視線は影を潜め、クラークの異文化理解の質の変化を物語っている。とりわけ静岡への思いは根強いものがあり、本書に「Shidzuoka」の語は事実誤認の部分も含めて二十回近く登場する。ある意味では東京よりも早く文明開化が行われかけた明治初期の静岡が秘めていた無限の可能性に、思いを馳せるための物語としても読めるのではないだろうか。

その後のクラーク

すでに述べたように本書は当時のアメリカの親日的な雰囲気の中で受け入れられ、発売後六週間で一万部近くを売り上げた。その収益である「三千五百ドル」近くも、本来ならほぼ全額が日本の戦争孤児のための基金に寄付されて、クラークの努力は報われる……はずであった。ところがここでクラークは思わぬスキャンダルに巻き込まれる。本書の出版を請け負ったバック（B.F.Buck）なる人物が、売上金の大半を着服してしまったのである。クラーク自身にはまったく責任の無い事件だったが、ニューヨークの『ザ・サン』紙や他の新聞各紙で、本書の著者クラークがこの横領事件に関与しているかのように書き立てられる。クラークはこれに対して弁明を行うと共に、新聞を訴えようとするが、勝訴の見込みは無いと弁護士に告げられ、断念する。出版人のバックも訴追されることなく、事件はうやむやになってしまう。本書を通じた寄付事業は在アメリカの日本人外交関係者にも知られていたが、このスキャンダルでクラークの評判は地に落ちてしまった。

それでもクラークの日本への関心は衰えることがなく、一九〇五年八月に日露戦争の講和会議が、他ならぬ自分の生まれ故郷ポーツマスで開催されることを知ると、矢も盾もたまらず駆けつける。講和会議全権委員の小村寿太郎、高平小五郎は共に開成学校でクラークに教えを受けたことがあり、約三十年ぶりに再会を果たすこともできた。この講和会議中、当時アメリカ滞在中で、本書による寄付事業を当初から後押しした本多庸一を含む日本人何人かを連れて、当地に住むクラーク旧知の老婦人宅に案内したエピソードが残っている。クラークが日本滞在中に贈ったがそれまで開封されていなかった高価な静岡の茶が供され、三十年の時を経てもなお、香りはわずかしか失われていなかったという話は、地元の新聞にも掲載された(Candee,2012)。

しかし、この後クラークに残された人生の日々は長くなかった。ほどなくして病を得たクラークはポーツマス講和会議のわずか二年後の一九〇七年に、五十八歳でニューヨークにて死去している。正確な年代は不明だが、この間に旧幕臣の子で沼津兵学校で学んだこともある小田川全之《まさゆき》がニューヨークでクラークと面会していて、秋山寛治が本書 *Katz Awa* に絡めて次のように報告している(『本道楽』)。

先年静岡の旧幕臣で沼津学校の出身である工学博士小田川全之氏が渡米された時、北米ニユーヨーク市に於てクラーク先生に会合されたことがあつた。其時既に八十才位の白髪の老人になられてゐたクラーク先生は、小田川博士が静岡の人であることを聞いて、懐旧に耐へず、老の両眼に涙を浮べては、なつかしそうに色々静岡の思ひ出話に耽られたそうである。別れる時、クラーク先生は、小田川博士に此の自著「勝安房」伝を与へて、静岡の人々に是非示されんことを懇願したのであつた。

当時のクラークはまだ五十代で、「八十才位」の表現はオーバーだとしても、身体が弱っていて雰囲気は老齢だったのかもしれない。小田川に託したという *Katz Awa* は後に高橋邦太郎の手を介して静岡の葵文庫（現静岡県立中央図書館）に寄贈された（76ページの写真はその実物）。エスペランティストとして有名な高橋はその後本書を翻訳している。

一八七五年に日本から帰国した後のクラークの運命を総体として見ると、あまり恵まれたものとは言えなかった。裕福な実業家を父に持つ妻と結婚して七人の子供を育てるが、一八九八年に子供の一人が水難事故で亡くなり、一九〇二年には妻と離婚する。講演者として全米を回って留守がちだったことがすれ違いの原因になったとも言われている（講師謝金の多くは教会や日本伝道資金に寄付されている）。日露戦争の前には代替医療に関わる山師的人物から宣伝塔として利用されて醜聞になりかけたこともあり、何よりも本書の寄付事業を巡るスキャンダルは、クラークにとって痛恨の出来事だっただろう。経済的にはけっして楽ではない中、個人的な負担もかなり被《かぶ》って行った寄付事業は当初の目的を果たせず（基金に寄付された金額は数百ドルに留まっている）、日本側から公式に感謝されることもなく終わってしまった。その点、クラークが静岡に赴任する直接のきっかけを作った朋友グリフィスの辿った運命とは対照的である。グリフィスは長生きをし、一九二六（大正十五）年に日本に招かれてしばらく滞在し、勲章を授与されると共に福井で大歓迎された。今でも、わずか十カ月間しか滞在しなかった福井の地に記念館と銅像、「日下部・グリフィス学術・文化交流基金」があって盛んに活動している。クラークが「三人の外国人教師」の一人として挙げた（と思われる）L・L・ジェーンズも、（帰国後の晩年はやはり不遇だったものの）熊本の地で今も顕彰が続けられている。クラークが西洋文明の紹介者として懸命に働き、後半生も強いシンパシーを寄せ続けた静岡の地に、クラーク関係のモニュメントと言えるようなものはいっさい無い。

むすびと謝辞

最後にいささか私事にわたるが、本訳書の出版に至った経緯について述べておきたい。本解説の筆者は、日本近代史の専門家ではなく、日米交流に詳しいわけでもない。たまたま勤務校の前身・旧制静岡高等学校や、その遥かなルーツである静岡学問所におけるフランス学の系譜を調べていてクラークと出会うことになった（スイス留学の経験があるクラークはフランス語も達者だった）。勤務校の比較文化関係の授業で何度かクラークについて講義したところ、強い興味を抱いた指導学生刀根直樹氏がクラークについて優秀な卒業論文を作成し、その後進学した東京大学の大学院でも大部の修士論文を仕上げたところから、クラークについてさらに多くの事柄を教えられた（今回の翻訳やこの解説執筆においても同氏の論をたびたび参考にした）。

クラークの果たした貢献の大きさを知るにつれて、日本全国ではもちろん、これほど縁の深い静岡の地で、クラークが一般にほとんど知られていないことを不思議に思うようになった。クラークについての優れた論考は過去に少なからずあったが、著者の多くが、札幌農学校のW・S・クラークに比べて、静岡のE・W・クラークがあまりに無名であることを嘆いており、それらの文章を読むうちに、自分のできることは何かと考え始めた。そのような折、たまたま日本基督教団駿府教会の中村恵太牧師と知り合い、クラークのことを語り合う中で、クラーク来日百五十周年を記念する集会を共同で企画することとなった。以前からクラークとオルガンの関係を研究しておられる浜松在住の小粥卓司氏や、勤務校で様々な企画を共同で何度も実現してきた平野雅彦氏らによる情報提供や助言も力になり、「E・W・クラーク顕彰事業実行委員会」を立ち上げ、二〇二一年十二月十八日、無事この集会を静岡市で開催するに至った。『日本滞在記』訳者の飯田宏氏のご長女飯田耿子氏や、クラーク曾孫のジョゼフ・T・ノックス氏からは貴重な資料を提供いただき、ノックス氏からは当日にビデオメッセージもいただくことができた。幸い多くの参加者から会の趣旨に理解がいただけ、以前からクラークに興味を持っていた方々、また初めて存在を知ったという市民の方々とも知り合う機会ともなった。その後、いくつかの勉強会の企画を経て、勝海舟生誕二百周年にあたる本年（二〇二三年）、本書の翻訳出版を計画する運びとなったのである。

翻訳にあたっては小島聡と柴田ひさ子がそれぞれ独自に全体の訳文を作り上げ、その両者を突き合わせることで語学上・史実上の不適訳をできる限り減らし、石川敏之、中村恵太、吉見佳奈子がそれぞれ読者の立場から意見や提案を寄せた。その後柴田が今一度訳文を練り直し、これを最終的に今野が取りまとめて注記を加えた結果が本書であり、訳者グループによる文字通りの「共訳」となっている。

最後に出版状況の困難な中、本書の発刊を快くお引き受けいただいた静岡新聞社編集局出版部に厚く御礼申し上げる。

二〇二三年八月

訳者代表　今野喜和人

（Edward Warren Clark 著作）

Life and Adventure in Japan, American Tract Society, New York, 1878.
　飯田宏訳『日本滞在記』講談社、一九六七年

From Hong-Kong to the Himalayas: or, Three Thousand Miles Through India, Alpha Editions, 2019 [1st ed. 1880].

Katz Awa "The Bismarck of Japan" or the Story of a Noble Life, B.F. Buck & Company, New York, 1904.
　高橋邦太郎訳『勝安房』（『本道楽』九号（一九二六年一月）―十五号（一九二七年七月）所収）
　静岡高等学校郷土研究部訳（指導―磯部博平、石川芳恵）『海舟・勝安芳』静岡高等学校郷土研究部、一九九五年
　福井市グリフィス記念館職員訳『Katz Awa』、chrome-extension://efaidnbmnnnibpcajpcglclefindmkaj/https://www.fukui-rekimachi.jp/griffis/pdf/Katz_Awa_2023_kaitei.pdf

刀根直樹・今野喜和人訳「E・W・クラークの*New-York Evangelist* 投稿記事」その一―その三（『翻訳の文化／文化の翻訳』第五―七号、静岡大学人文学部翻訳文化研究会、所収）、二〇一〇―二〇一二年

今野喜和人訳「E・W・クラークの *New-York Evangelist* 投稿記事」その四、（『翻訳の文化／文化の翻訳』第十八号所収）、二〇二三年
（クラーク撮影写真）『静岡風景写真』早稲田大学図書館所蔵、https://archive.wul.waseda.ac.jp/kosho/ru04/ru04_04240/ru04_04240.pdf

（クラーク関係邦語主要参考文献（著者名五十音順））
秋山寛治「イー・ワーレン・クラークの「勝安房」伝——静岡藩学校に於けるクラーク先生の思ひ出」（『本道楽』改巻七号、一九二六年十一月、所収）
E・W・クラーク顕彰事業実行委員会編『エドワード・ウォレン・クラークと明治の静岡／日本／アメリカ』、私家版、二〇一九年
太田愛人『明治キリスト教の流域——静岡バンドと幕臣たち』中公文庫、一九九二年
影山昇「明治初年の静岡藩お雇い外国人教師E・W・クラーク」（『愛媛大学教育学部紀要Ⅰ』第二七巻所収）、一九八一年
勝海舟『海舟日記』（勝部真長他編『勝海舟全集』十九、二十、勁草書房、一九七三年、所収）
勝海舟『幕府始末』（同『勝海舟全集』十一、勁草書房、一九七四年、所収）
蔵原三雪「E・W・クラークの静岡学問所付設伝習所における理化学の授業——W・E・グリフィスあて書簡から——」（『武蔵丘短期大学紀要』第五巻所収）、一九九七年
グリフィス、W・E（山下英一訳）『明治日本体験記』平凡社、一九八四年
テレビ静岡（テレビドキュメンタリー）『知られざる明治　もう一人のクラーク先生』、一九九一年

刀根直樹『仲立ちとしての「お雇い外国人」――エドワード・ウォレン・クラークと明治日本――』（東京大学大学院総合文化研究科超域文化科学専攻（比較文学比較文化）平成二五年度修士論文）、二〇一四年
樋口雄彦『静岡学問所』静岡新聞社、二〇一〇年
樋口雄彦『人をあるく　勝海舟と江戸東京』吉川弘文館、二〇一四年
メトロ、ダニエル「異文化間の相互イメージの発展とお雇い外国人の役割―エドワード・ウォーレン・クラークの働き」（嶋田正他編『ザ・ヤトイ―お雇い外国人の総合的研究―』思文閣、所収）、一九八七年
山下太郎『静岡の歴史と神話――静岡学問所のはなしを中心に』吉見書店、一九八三年
山下太郎『明治の文明開化のさきがけ――静岡学問所と沼津兵学校の教授たち――』北樹出版、一九九五年
山本幸規「静岡藩お雇い外国人教師E・W・クラーク――静岡バンド成立の背景」（『キリスト教社会問題研究』第二九号、同志社大学人文科学研究所、所収）、一九八一年
吉野作造「静岡学校の教師クラーク先生」（『新舊時代』第三年・第二冊、所収）、一九二七年
吉野作造「再びクラーク先生に就て」（『新舊時代』第三年・第三冊、所収）、一九二七年
渡辺正雄『お雇い米国人科学教師』講談社、一九七六年

（英文、著者名アルファベット順）
Candee, Richard, “E. Warren Clark (1849 –1907): “Noted Traveler and Lecturer on Oriental Topics” , *The Magic Lantern Gazette*, vol. 24, No. 1, spring 2012.

Ion, A. Hamish, " Edward Warren Clark and Early Meiji Japan: A Case Study of Cultural Contact" , *Modern Asian Studies*, 11, 4, 1977.

Ion, A. Hamish, E.R, Beauchamp & A. Irie (ed.), *Foreign Employees in Nineteenth-Century Japan*, Ch.9 "Edward Warren Clark and the Formation of the Shizuoka and Koishikawa Christian Bands (1871-1879)" , Westview Press, Boulder, 1990.

Metraux, Daniel A., "Lay Proselytization of Christianity in Japan in the Meiji Period: The Career of E. Warren Clark" , in *The New England Social Studies*, vol. 43, New England History Teachers Association, 1986.

Parker, Calvin, *The Japanese Sam Patch : Saga of a Servant*, Cross Cultural Publications, Notre Dame, 2001.　改訂版 *Sentaro, Japan's Sam Patch : Cook, Castaway, Christian*, New York, 2010（南沢満雄訳『仙太郎：ペリー艦隊・黒船に乗っていた日本人サム・パッチ』アガリ総合研究所、二〇一一年）

特別寄稿　# 勝海舟と静岡

―牧之原開墾士族、静岡の地域リーダーとの関わりを中心に―

岡村龍男（豊橋市図書館学芸員）

江戸城無血開城の立役者と知られる勝海舟については、多くの研究書や一般書からその人生を知ることができる。だが、静岡における勝海舟の動向はクラークと同様に広く知られているとはいいがたい。

そこで本稿では、幕末については多くの先学の研究を、静岡藩成立後については主に当該時期の『勝海舟日記』の記述をそれぞれ拠り所としつつ、筆者がこれまで静岡に関する研究に取り組む中で得た関連史料も駆使して「勝海舟と静岡」の関係を描こうと思う。

旗本の家に生まれる

勝海舟は、文政六年（一八二三）一月三〇日、江戸に生まれた。ペリー来航の三十年前、また大政奉還の三十五年前に当たる。勝家の系譜を紐解くと、天正年間に徳川家に仕え鉄砲玉薬同心になった家とされる。勝の父小吉は旗本男谷彦四郎の弟で、勝家へ婿養子に入った。海舟が生まれた頃、小吉と妻の信子は男谷邸内に住んでいた。ちなみに、海舟には妹がいるが、この妹は後に松代藩士佐久間象山の妻となった。

旗本としての勝家は禄高はわずか四十一石、微禄の御家人同様のまさに下級幕臣であった。小吉は幕府の役職に就くことを望むが、他の多くの旗本たちと同様に無役のまま終わった。小吉は幕府の刀剣管理を司っていた本阿弥家の人物と知り合ったことで得た刀剣の知識を活用し、刀剣のブローカーのようなことをして収入を得ていた。

このような環境で育った海舟は、少年時代から剣術を、また青年期には蘭学を学んだ。海舟が蘭学に励んだ理由は、単に蘭学で身を立てるためではなく、オランダ語で書かれた兵学の書物から軍事知識を得るためであった。

嘉永三年（一八五〇）に海舟は蘭学と兵学の塾を開く。その三年後にペリーが来航したが、この頃には海舟の名は蘭学と兵学の両方の関係者の間で知られるようになっていた。海舟のもとに家臣を入塾させる藩や大砲小砲の製作を依頼する藩もあったほどである。

ペリー来航と上書提出

嘉永六年（一八五三）六月、アメリカ東インド艦隊司令長官ペリーが軍艦四隻を率いて浦賀沖に出現した。大混乱に陥った幕府のかじ取りを任された老中首座阿部正弘は、諸大名や幕臣に広く意見を求めた。これは、江戸幕府始まって以来初めてのことであった。挙国一致で国難に臨もうという阿部の姿勢に対して、諸大名から約二百五十、幕臣からも約四百五十の上書が提出された。しかし、その大半は開国要求の拒絶と交渉の引き延ばしを主張するもので、アメリカの軍事力を考慮に入れた具体的な提案はほとんどなかった。

海舟は二回にわたり上書を提出した。最初の上書は、アメリカ艦隊が江戸湾深くに侵入したことを問題視したうえで、江戸湾に台場を設けて防衛体制を整えること、続いて軍艦操練のできる乗組員を育成し、ゆくゆくは軍艦を整える必要性、また西洋式の兵制に変えるべきことを主張した。

海舟の具体的な提案は幕閣の目に留まり、再度提出した上書では海防案だけでなく、貿易や政治論にも言及した。これらの上書の内容が評価され、海舟は父小吉が望んでも得ることができなかった幕府での役職を得たのである。

翌年、再び訪れたペリー艦隊の圧力に屈する形で日米和親条約が結ばれた。海舟はさらに翌年の安政二年（一八五五）に洋学教育や研究、洋書翻訳を行う洋学所（後の蕃書調書）に出役することになった。しかし、その期間は短く、海舟は江戸を離れて長崎へ向かうこととなった。

長崎海軍伝習所入門

海舟は長崎海軍伝習所に入門となった。長崎海軍伝習所は、ペリー来航後に海軍士官養成のために設けられた施設である。オランダは幕府から軍艦の注文を受けるとともに、教師派遣も依頼されており、海軍伝習教師団が伝習所に派遣されていた。

もともと蘭学を学んでいた海舟は、オランダ人教師とも二カ月ほどで会話ができるようになったようである。海舟の長崎生活は三年以上にも及んだ。その間に、幕府を取り巻く情勢は大きく変わっていた。将軍継嗣問題と日米通商条約の締結を巡る争いは、江戸時代を通して、それほど表に出ることがなかった朝廷を巻き込む形で広がった。

この争いに巻き込まれなかった海舟が江戸に戻ったのは、安政六年（一八五九）正月の事であった。新たに設立された軍艦操練所の教授方頭取に任命された海舟は、日米修好通商条約の批准使節としてアメリカに渡ることになった。

この時に、勝海舟が館長として乗り込んだのが咸臨丸である。遣米施設の外国奉行新見正興らはアメリカ軍艦ポーハタン号に乗船したが、海舟たちも長崎海軍伝習所での成果を見せるべく、咸臨丸に乗船した。日本人の手でアメリカに渡ることが求められたのである。

海舟たちは、万延元年（一八六〇）一月十三日に品川沖を出航、ひと月以上かけて太平洋を横断し、二月二六日にサンフランシスコに入港した。当の海舟は、激しい船酔いで部屋から出ることもままならなかったことはよく知られている。アメリカ滞在中、アメリカ社会をよく観察した海舟は、閏三月十九日にサンフランシスコを出航、ハワイに立ち寄り、五月に帰国した。帰国した海舟たちが見たのは、その直前の三月二四日に起こった桜田門外の変により混乱した政局であった。

神戸海軍操練所創設

帰国した後の海舟は海軍から外され、蕃書調所頭取助に左遷のような形で移った。しかし、文久元年（一八六一）九月に講武所砲術師範として軍事畑に移り、翌年七月に軍艦操練所頭取となった。海舟復帰の背景には、海舟が提出した建白書の存在が指摘されている。当時、十四代将軍徳川家茂《いえもち》が朝廷の要請により上洛することとなっていた。この時、海舟は陸路に比べ蒸気船に乗って海路を行けば日数も経費も掛からないと建白した。

この建白書に注目したのが、後に静岡藩中老として海舟とともに明治維新後の徳川家に尽くす大久保忠寛《ただひろ》（後の一翁）である。当時は外国奉行で大目付を兼務していた。大久保は、海舟の建白書を老中や政務参与の松平春嶽に取り次いだ。この大久保の働きかけによって、海舟は海軍操練所頭取となったのである。

海舟は家茂が乗船する蒸気船をイギリスから入手した。「順動丸」と名付けられたこの蒸気船で家茂は上洛する予定であったが、直前になって陸路での上洛に変更されてしまった。前年に起きた「生麦事件」を受け、イギリス本国から派遣された艦隊の動向を危惧したための措置であった。

家茂が陸路上洛するのに対して、海舟は家茂が乗船するはずだった順動丸で大坂に向かった。大坂湾に砲台を設置するためである。一方で、上洛した家茂は朝廷から攘夷決行を迫られ、事前に大坂湾を巡視することとなった。海舟はその案内役を務め、家茂に兵庫の台場を案内した。この時、海舟は自らの海防構想を家茂に語った。海舟は「砲台の設置だけでなく、神戸を海軍の根拠地にしなければ大坂湾の海防強化にはつながらない。また、蒸気船を操船できる士官の要請も必要である。よって神戸にも江戸とは別に海軍操練所を創設したい」といったことを述べたのである。『海舟日記』によると、家茂は即座

勝海舟
（国立国会図書館ウェブサイト）

に了承したという。海舟は家茂の決断を「英断」と表現している。海舟にとって家茂は後年まで称え続けるような存在となったのである。

将軍家茂のお墨付きを得たことによって、神戸海軍操練所の創設が正式に決まった。海舟は創設準備にかかる一年の間に、先行して私塾で人材を育成し、海軍操練所創設時にそのまま入所させることをもくろんだ。その時に入塾した者の中には土佐藩の坂本龍馬も含まれていた。

家茂二度目の上洛の後、海舟は長崎出張を命じられた。長州藩が下関を通行する外国商戦を砲撃したことに対する英仏米蘭四カ国による報復攻撃を防ぐためである（実際には攻撃を防ぐことはできなかった）。

元治元年（一八六四）五月、長崎から戻った海舟は海軍奉行に昇進し、安房守《あわのかみ》を称することになった。「勝安房」の誕生である。同じ月、神戸海軍操練所が竣工、創設が布告されたが海舟が望んだ海軍創設とはならなかった。京都で池田屋事件が発生したからである。

長州藩士による禁門の変の引き金となった池田屋事件は、海舟が関与せぬところで起きたが全く無関係ということではなかった。池田屋で新選組と斬り合い命を落とした者の中には、海舟が神戸で創設した私塾の塾生である土佐藩士たちが含まれていた。

幕府当局にこの事実が知られることになると海舟は海軍奉行を罷免させられ、せっかく創設された神戸海軍操練所は廃止となった。

この頃、海舟は薩摩藩の西郷隆盛と初めて対面した。西郷が長州征討を強く唱えるのに対し、海舟は幕府にはもう力が残されていないから、「雄藩連合」の力をもって外国に対処すべきと説いた。もはや幕府には事態を収拾するだけの能力はない。国内でもめている場合ではなく、挙国一致で西洋諸国の外圧に対抗しなければならないと説いたのだ。西郷は海舟の言葉に受けた感動を、同じく薩摩藩の大久保利通に書状で送った。

長州との交渉

軍艦奉行を罷免された海舟は江戸に戻った。一年以上を経た慶応二年（一八六六）五月、海舟は軍艦奉行に再任された。当時、坂本龍馬の奔走により薩長同盟が成立し、幕末は新たなステージに移っていた。六月には第二次長州征伐が開始されたが、長州と同盟関係にあった薩摩藩は出兵を拒否、圧倒的軍事力で長州を追い込んだ第一次長州征伐とは対照的に、幕府の劣勢は明らかであった。海舟には会津藩と薩摩藩の両藩を調停することが求められた。海舟は事態打開に奔走したが、そんな中で七月二〇日に将軍家茂が死去した。

将軍後見職であった一橋慶喜《よしのぶ》は、長州藩士たちにもその存在を知られた海舟に停戦交渉役を命じた。海舟は広島藩領の安芸宮島で広沢正臣、井上馨《かおる》らと交渉を行った。交渉は難航したが、長州藩に対して、撤退する幕府軍を追撃しないことだけは約束を取り付けることができた。海舟は長州藩に譲歩した条件を提示したが、交渉を終えて海舟が大坂に戻った頃、朝廷から長州藩に休戦を命じる沙汰書（勅書）が下された。慶喜の要請を受けて出されたこの勅書は、海舟が苦労して交渉をした内容をないがしろにするものであり、海舟としては慶喜にはしごを外された形となった。面目をつぶされた海舟は九月に江戸に戻った。

江戸無血開城に向けた交渉

慶応三年（一八六七）十月に大政奉還、十二月には王政復古のクーデターが起こったが、江戸に戻っていた海舟はこれらの重大事をリアルタイムで知ることはなかった。そして、慶応四年（一八六八）一月の鳥羽伏見の戦いの後、将軍慶喜は戦い続ける多くの将兵を見捨てて海路江戸に逃げ帰ってしまう。江戸の留守を預かっていた海舟としては、またしても慶喜によって敗戦処理の責任を負わされる形となったのである。

慶喜は再び海舟を交渉役に起用して、新政府との交渉に当たらせた。薩摩や長州にも知り合いの多い海舟の人脈に期待したのである。慶喜が上野寛永寺で謹慎する中、海舟は交渉に向け

西郷隆盛
（国立国会図書館ウェブサイト）

山岡鉄舟
（国立国会図書館ウェブサイト）

た準備をスタートさせる。

三月五日には、東海道を進んでいた東征総督府の有栖川宮熾仁《たるひと》親王が駿府に到着、翌日には江戸城総攻撃が同月十五日と決定した。東征軍を実質的に仕切っていたのは、海舟も良く知った大総督府参謀の西郷隆盛であった。

海舟は直接西郷のもとに出向くつもりであったが、江戸に留まることとなったため、慶喜の護衛を務める精鋭隊の山岡鉄舟が代理とした駿府に向かい西郷と交渉した。場所は伝馬町。今は静岡市の史跡となっている「西郷・山岡会見の地」である。交渉では、慶喜が死罪を免じられるための条件が出された。

鉄舟は、慶喜助命の条件を受け取るとすぐに江戸へ戻った。しかし、西郷たちも急ぎ江戸へ

徳川慶喜
（国立国会図書館ウェブサイト）

向かったため、鉄舟の江戸到着の翌日には西郷も江戸に到着した。この日、海舟は西郷のもとを訪ね、西郷へ慶喜助命の条件を直接問うた。この会談を終えると、海舟は江戸城に戻って大久保一翁《いちおう》ら徳川家首脳と協議を行い、翌日再び西郷のもとを訪れた。海舟は、慶喜が隠居して水戸に移る事など、徳川家の処遇を緩和する希望を示した。西郷は徳川家側の嘆願を大総督に取り次ぐことを約束し、同時に江戸城総攻撃を中止した。

翌四月四日、江戸城に東征軍が入り、徳川家の家名を立てることや慶喜が水戸で謹慎すること、江戸城は明け渡し武器は没収することなど、徳川家の処遇に関する決定事項が申し渡された。江戸城の無血開城は四月十一日に行われ、慶喜は水戸に向かった。

しかし、江戸無血開城に不満を持った者たちが上野で彰義隊を組織するなど、いまだ情勢が不穏であった。五月十五日には、大村益次郎が指揮する新政府軍が彰義隊征討を断行した。このことは新政府側の徳川家に対する譲歩を期待した海舟のもくろみが大きく外れる結果となった。

海舟が望んだ徳川家の領地維持はなくなり、徳川家の領地は駿河・遠江・陸奥で七十万石とすることが通達された。またしても面目をつぶされた海舟は、「不快」と称してひきこもったが、新政府・徳川家両方にとって、事態打開のために海舟の力が必要だったのである。こうして、海舟には新たに徳川家の駿河移住に関する実務が与えられることになった。

戊辰戦争当時の駿府周辺

鳥羽伏見の戦いの後、新政府軍は東海道を東へと向かった。しかし、東海道筋では目立った戦闘は起こらなかった。東海一の大藩である尾張藩が、新政府への恭順を表明したからである。

これを受け、東海道筋の各藩はこぞって新政府への恭順を示した。幕末段階で静岡県内に存在した、浜松藩・掛川藩・横須賀藩・相良藩・田中藩・小島藩・沼津藩も同様であった。一方で、駿河・遠江は幕府の重要拠点として幕府領が多く設置されており、特に多くの武士がいた駿府周辺では混乱が広がった。新政府軍を恐れ、脱走を始める武士が相次いだのである。

このように支配者層に混乱が広がるなか、民衆もまた幕府側に着くか新政府軍に着くかの選択を迫られた。駿府町方では、新政府軍への恭順を決め、「新政府軍に協力できてありがたく思う」といった内容の文書を送っている。しかし、これは形式的なもので、徳川家の駿河移封が決まると今度は、「徳川家ゆかりの駿府に徳川家が戻ってくることは喜ばしい」とも言っている。

徳川家の人員削減

慶応四年（一八六八）五月十四日、徳川家の新たな領地が駿河・遠江・陸奥（陸奥が戊辰戦争の戦場となったため三河に変更。詳しくは後述）の七十万石と決まると、続いて田安家から徳川家を継いだ亀之助（家達《いえさと》）と家臣たちの駿河移住に向けた準備が始まった。そもそも、徳川家の領地は幕末段階で約七百一万石（直轄地四百十四万石・旗本領二百八十七万石）、家臣も約三万三千人を数えた。これを十分の一に減らすというのだから大変である。関ケ原の戦いの後、大きく領地を減らされた毛利家と上杉家ですら四分の一であったから、明治維新後の徳川家の領地減少がいかに大きなものかは想像できるだろう。

江戸無血開城以降、引き続き徳川家の舵取りを任されていた海舟は、七十万石となった徳川家では、三万三千人の家臣団維持は不可能であり、藩を支えるためには五千人の家臣が必要で、それ以外の人員は不要であるとした。七月末の段階で、静岡藩の家臣団は五千四百人に絞られた。この中には、藩の行財政や徳川家の家政担当者、軍事関係者、さらには東京在留者が含まれていた。

このような新家臣団の編成を行う一方で、静岡藩はこの五千四百人から漏れた者たちに①朝臣となり、朝廷に仕えること、②武士身分を捨て帰農すること、③無禄（無給）で徳川家とともに駿河へ移住すること、の三つの選択肢を与えた。六月五日段階で、静岡藩は旧幕臣に対して、徳川家が七十万石となった以上、これまでの規模の家臣団の維持は不可能であり、今月中にも蔵米や給金支給は不可能になることを告げ、速やかに朝臣となるか徳川家に対して御暇を願い出るか選択するようにまとめた。

徳川家達
（国立国会図書館ウェブサイト）

同二十日には、旧幕府時代の俸禄制度が全廃され、静岡藩の新家臣団以外には藩からの支給が一切停止され、新家臣団から切り離されたものは新政府からの扶助を受ける立場となった。

静岡藩も無慈悲に旧幕臣たちを切り離そうとしたのではなく、その処遇について新政府と協議を重ねていた。静岡藩はできるだけ旧幕臣に対して朝臣化を説得したが、旧幕臣たちの多くが徳川家に仕え続けることを望んだため、朝臣化の斡旋《あっせん》は思うように進まなかった。新政府からは朝臣希望者の名簿提出期限が六月二十日であると通告されたため、朝臣を望んだものの名簿を提出した。しかし、旧幕臣の朝臣化斡旋が滞ったため、新たな名簿提出はたびたび延期された。

七月二十日に旧幕臣の駿河移住の早期実施が新政府から求められたが、翌八月二日には静岡藩からの朝臣希望者名簿の提出は中止が命じられた。今後は朝臣化を希望する者が新政府へ直接申請する方法へと変更されたのである。この朝臣化出願期限は九月二五日までと定められ、その後は一切受け付けないと通告された。この通告を受けた静岡藩は、無役の旧幕臣たちも駿河に移住させる方向へと計画変更をせざるを得なくなったのである。

移住者を受け入れる側の負担

八月九日、藩主の徳川亀之助が陸路で駿河へ向かったのに続き、新家臣団となった旧幕臣とその家族たちは、静岡藩領国の受け入れ態勢が整い次第、順次移住を開始した。また無禄移住は、東京における旧幕臣の屋敷地収公、明治天皇の東幸を控えた新政府からの催促もあり、九月から十一月にかけて陸路と海路の両方で行われた。なお、九月八日に改元が行われ「明治」となった。

無禄移住者がどれくらいの人数であったかは、史料により大きな違いがあり正確な数字はわからない。静岡藩御用人が調査した「無禄移住之者出立残帰農願并宿所不分明之者共夫々取調候書付」では明治元年十一月段階で三九五〇人となっているが、これは当主のみの数字である。また、『東京市史　市街篇五十』では家族や家来を合わせて一万二七八七人が駿河に移住したとしている。

このような多くの人口移動は、当然ながら受け入れる側にも大きな負担となった。静岡藩は、無禄移住を開始する直前の八月以降、無禄移住者の受け入れ体制の調査を行っていた。そして、八月十一日付けで駿府近郊の村々へ「急廻状」を出した。この急廻状には、八月十五日に藩主家達と家臣団の第一陣が駿府到着の予定であると述べた上で、移住者の人数が多く、駿府城下だけでは大量の家臣団を受け入れる場所が確保できなかったため、近郊の村々の寺社や農家をも宿泊先とするように求めた。

無禄移住が本格化した十月には、陸路で移住した者が駿河国富士郡、駿東郡の寺院や村方へ、海路で清水湊から上陸した者は駿府近郊の寺院などに割り振られた。静岡藩は十月以降にも領内の各宿村に対し、移住者の宿所確保のために住居可能場所の調査を命じた。

清水湊から上陸した無禄移住者が領内各地へ移住するための人馬継立は、東海道の各宿駅が負担することとなり、移住者に対する炊き出しなども命じられた。これらの費用については、米は年貢米から、それ以外の経費は役所へ報告後返金するとされた。静岡藩は、このように無禄移住者を領内の各宿村に分散移住させ、しばらくは領民宅や寺院を寄留先として、費用は藩が負担することとした。

旧幕臣の駿河移住は、このような領民負担の上に成り立ったものであり、地元の人々は不満を募らせていった。誕生後間もない静岡藩は、無禄移住者の生活保障と自立支援体制の整備に迫られたのである。

海舟の駿河移住

当主徳川家達や旧幕臣たちと同じく、海舟自身も駿河に移住することとなった。『勝海舟日記』(江戸東京博物館編を使用。以下、『日記』とする)にはその様子が詳しく記されている。母信子をはじめ一家は、九月三日に通行印章を受け取り、その日のうちに陸路で駿河へ向かった。一家は九日には駿河に到着した。『日記』には、海舟の移住に携わったとして、吉川東一郎という地元駿河の人物の名が記されている。江戸時代には庵原郡山原村(現静岡市清水区山原)の名主を務め、明治維新後は清水湊の発展に尽くし、庵原郡長や県会議員も務めた人物である。

『日記』に初めて吉川が登場するのは七月四日のこと。「駿人吉川東一郎来訪」とある。この日の『日記』の欄外には、「吉川東一は江尻在山原村、清水湊松本平右衛門」とある（ちなみにこの松本平右衛門は、渋沢栄一の商法会所で大坂米市場との取引を担当した人物である）。次に吉川が登場するのは同二七日。この日の日記には「駿河吉川東一郎より国産茶到来」とある。

海舟は、徳川家の駿河移住が決まった頃にはすでに茶の可能性に興味を持っていたようである。それは、吉川と出会う前の六月二一日の日記に、「近頃駿遠は国産茶夥多し、ゆへに昔年の二国にあらす、横浜江送り出たす事盛なりと云（中略）後年を期せは、大ニ富を致すへきか」とあることからもうかがえる。

徳川家達が駿河に向けて出発した翌八月十日の『日記』の欄外には、「洋書五箱駿河江船廻しす、小箱五ツ吉川当て也」とあり、海舟が吉川へ宛てて荷物を送り始めたことがうかがえる。八月十五日の『日記』には、「米飛脚船ニーヨルク」を松次郎という人物の世話で手配し、荷物を送ったとある。また、その松次郎の父として甚太郎という人物が登場する。この甚太郎は駿河国小鹿村（現静岡市駿河区小鹿）の出島甚太郎（竹斎）のことである。この甚太郎は、その後も海舟と長く付き合いが続く人物である。

吉川のもとへ送られた海舟の荷物は吉川の屋敷と小鹿村の甚太郎宅に保管されていたよう

で、九月五日の『日記』に「本日、吉川殿屋敷土蔵并鍵類、同人用立三河屋兵助江引渡相済」とある。海舟が駿府に到着したのは九月十四日のこと。この日の『日記』の欄外に「仮寓河原町新通川越丁藤田や藤右衛門方」とあり、現在の静岡市葵区川越町に一時的に身を寄せたようである。九月二六日には東京から運ばれてきた長持《ながもち》が到着した。翌十月二八日に海舟自ら小鹿村に出向き甚太郎が預かっていた荷物を受け取り、翌二九日には吉川に預けていた合計十四箱の荷物が到着し、海舟の移住は完了した。

海舟が見出した茶業の可能性

海舟が、静岡の茶業が持つ可能性を『日記』（慶応四年六月二日）に記していたことは既に述べた。その三日後、新政府は諸藩に対して「諸務改革」の指令を発し、領内の具体的条項について、新政府の定めた項目に基づいて報告書を作成、提出することを求めた。静岡藩は、海舟が新政府の中心人物である大久保利通と事前に「内話」をした上で報告書を提出した。その中で海舟は、「駿遠領国にて七八ヶ年より其数を増、追々御国益とも相成申すべく候品は茶に御座候」と、静岡藩領となった駿河・遠江の茶業が持つ可能性を強調している（「随筆」『海舟全集』第九巻）。また、同じ報告書で味方原（三方原）、金谷原（牧之原）等領内に存在する広大な荒地を藩士たちに開墾させ、「御国内産物」（この場合の国は静岡藩を指す）である茶の生産を増強するために茶園化する方針を述べた。

静岡県内では、すでに江戸時代から現在の浜松市（旧天竜市や旧春野町）、静岡市葵区の安倍川・藁科川流域、川根本町や島田市の旧川根町域と伊久身などで茶が生産されていたが、これらはいずれも山間部であり、大規模な生産には不向きであった。海舟のもくろみは、江戸時代には開墾が不可能とされた台地に、無禄移住者となった藩士たちを大量に投入し、大規模な茶園を開墾するというものであった。

大久保利通
（国立国会図書館ウェブサイト）

駿河に移住した無禄移住者を自立させるためにも、静岡藩は積極的な開墾事業を行った。新番組の牧之原開墾がよく知られているが、浜松勤番組による三方原開墾や沼津勤番組を中心とした愛鷹山開発などもある。ただ、海舟との関係で言えばやはり牧之原開墾が注目される。

新番組による牧之原開墾

明治二年（一八六九）七月、久能山守衛に当たっていた新番組の中条景昭、大草高重らは、金谷原（以下、牧之原とする）の開墾を静岡藩に願い出た。新番組の者たちは、もともと慶応四年二月に山岡鉄舟を隊長として徳川慶喜を護衛する「精鋭隊」と称する部隊であった。精鋭隊は、慶喜とともに上野寛永寺、水戸で謹慎した後、駿河へ移住した。慶喜の警護をしていた二百人もの隊士を駿府市中にとどめることは新政府に対してはばかられたので、精鋭隊は九月に新番組と名称を改め、中条景昭を組頭、大草高重と松岡万《よろず》が組頭並となり、久能山の麓に居住して久能山東照宮の守衛に当たった。

しかし、久能山警護といっても特にやることがあるわけではなく、食べていくために一念発起したのである。なお、『日記』によると中条景昭はたびたび海舟のもとを訪れており、山岡鉄舟とも相談したうえで開墾を願い出たようである。

新番組の者たちは、七月末に家族たちを残して先に牧之原に入植した。約一カ月遅れで八月末に家族たちも牧之原に向けて出発した。翌明治三年（一八七〇）には元彰義隊も牧之原に入植し、合わせて三百戸以上、人数は千人以上となった。

牧之原開墾に従事した彼らの生活は困難を極めた。そもそも、彼らが入植したのは荒地同然

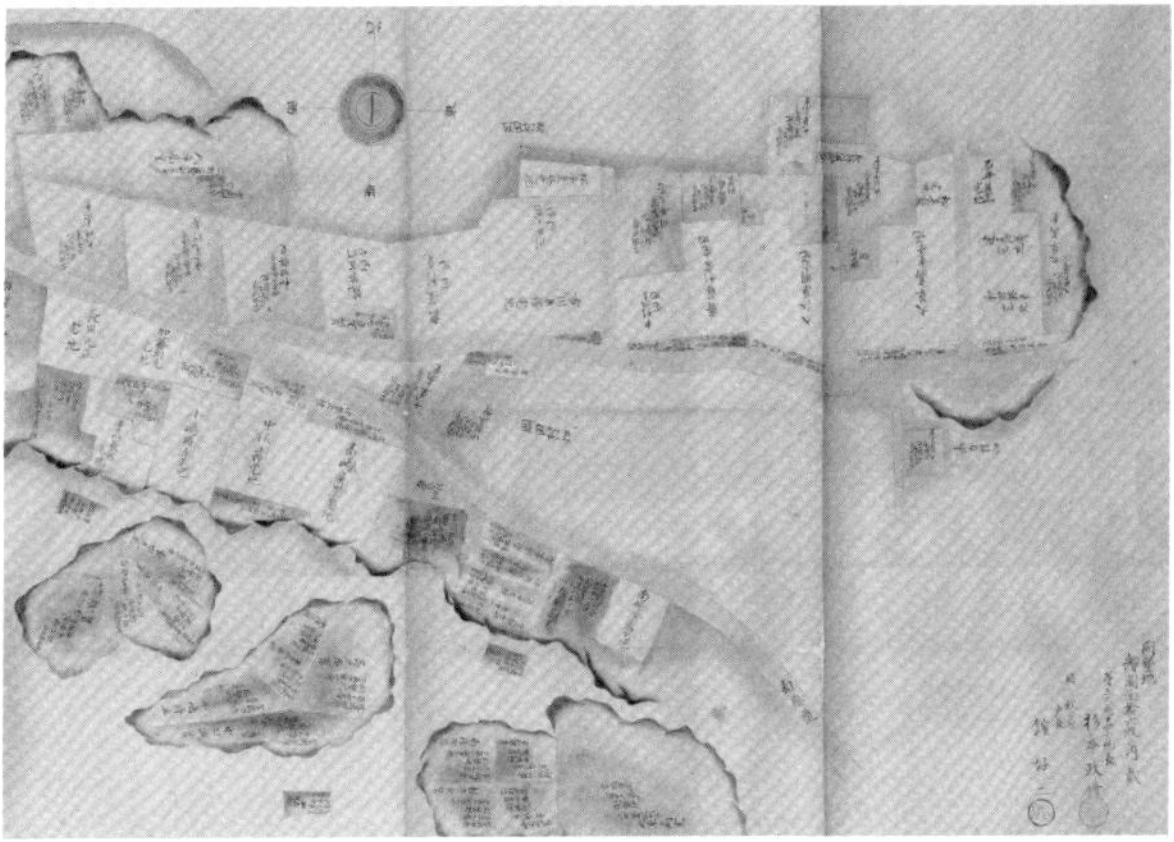

牧之原開墾絵図面二　岡田原（島田市博物館蔵）

の台地である。当然、他の勤番組の旧幕臣たちが与えられたような住居さえ満足にない状態からのスタートであった。しかも、茶を収穫して収益が上がるまでには、開墾が済み、茶の木を植えてからさらに数年が必要である。その間を耐えることができなかった者たちは、次々と牧之原を後にした。

苦心する開墾士族と村々の軋轢《あつれき》

牧之原開墾は、食糧・住居・農具から植え付ける茶の実まで全て自費で賄うことが原則とされており、地元の百姓たちを雇った場合は給金を支払わなければならなかった。開墾費用の一部は、徳川家と藩主家達が負担した。廃藩置県により静岡藩が消滅するまでの三年間は少なからず手当が支給されたが、廃藩置県以降は手当が廃止され、旧幕臣たちは困窮することになった。

彼らの資金確保は、中条景昭がかなりの部分を担っていた。中条はたびたび海舟に開墾の苦難を説明し、海舟もできる限りの援助をした。しかし、折からの茶価格下落と相まって多くが牧之原を去った。一般的に、牧之原は士族たちが刀を鍬《くわ》に持ち替えて開墾したと言われているが、実際には茶業が軌道に乗るまで牧之原に残った者は意外に少ない。当初は約三百戸が入植したが、十年後の明治十二年(一八七九)には二百十五戸、さらに四年後の同十六年(一八八三)には百十九戸、同三十年(一八九七)には六十戸と減少し続けた。戦後の昭和四八年まで残ったのはわずか十二戸である。中条景昭や大草高重は、地元の人々とうまく付き合いながら、ともに開墾を成し遂げていったが、大多数は地元と衝突した挙句、開墾途中の土地を投げ出して牧之原を後にしたのである。中条や大草がいた島田の初倉では開墾を成し遂げた士族が英雄的に語られることもあるが、牛渕原(菊川市)などでは多くの士族に土地を明け渡したにもかかわらず、開墾の途中で放棄され、地元住民が再度開墾に従事しなければならなかった。それらの地域では、士族たちは自分勝手な存在に映ったに違いない。

茶業より養蚕を優先した渋沢栄一

ちなみに、静岡藩商法会所を開いた渋沢栄一も静岡茶の発展に尽くした人物だと言われるが、少なくとも静岡藩士であった頃の栄一は個人的には茶業に懐疑的であった。当時の「渋沢栄一日記」には、静岡藩が今後力を入れるべきは養蚕《ようさん》であるという趣旨の記述があり、実際に静岡へ移住した従兄弟の尾崎惇忠《あつただ》には富士郡で養蚕を行わせている。また、栄一が静岡を去る際、商法会所が改称した常平倉へ宛てて残した業務引き継ぎ書にも「今後は養蚕に力を入れるように」と念押しする記述がある。その後、栄一は富岡製糸場の設立に力を入れるなど、一貫して養蚕に力を入れた。

この背景には、栄一が養蚕の盛んな埼玉県北部の出身であったこと、栄一が商法会所で活躍した明治二年は茶業不作の年であったことが挙げられる。当時、商法会所が茶生産のために茶産地へ貸した貸付金の回収が滞る事態が頻発し、茶業に対する印象が悪くなったのだろう（実際には、この年は茶業に限らず不作であり、浜松では打ちこわしも発生したほどであった）。また、海舟と栄一の仲の悪さは有名であるが、このことで栄一が養蚕にこだわったかどうかは定かではない。

牧之原油田発見に一喜一憂

　廃藩置県により静岡藩が消滅したのち、明治十年代に入ると中条と大草らが開墾した牧之原茶園からようやく茶が収穫できるようになったが、彼らの生活は依然として厳しく、海舟や鉄舟は資金援助を続けていた。

　明治十二年二月から、『日記』に「石油」という言葉が出てくるようになる。三月十一日には、「石油いよいよ出候旨につき趣意など山岡へ相談の上決定いたすべく申聞かせおく」と石油が産出されたことが記されている。

　これは、東洋一の産出量を誇ると言われた相良油田（この相良油田から産出された黒い水を石油と鑑定したのは、本書の主人公クラークである）ではなく、牧之原にある大草の土地から産出されたものであるという。石油産出に胸躍る海舟と鉄舟は、家達から金千五百円を預かり、中条や大草たちに事業費として分け与えた。五月十三日には、石油を入れた瓶が海舟のもとに届き、事業着手や試掘のことなどを相談した。

　こうして大きな期待を背負って油田開発は進められたが、年末には状況が一変する。十一月二日の『日記』には「大草と中条が請け持っている油井（油田）は無益であると工部省出役の者の見聞で判明した。いかにするべきか。ただし、中条はこれまでの費用の精算はとてもできない」といったことが記されている。結局、明治十三年（一八八〇）四月十六日の『日記』には、大草から石油瓦解と報告を受けたと記され、翌十七日には油田廃止が決まり、海舟は鉄舟に「油田廃止はやむを得ない」と書状を送った。こうして牧之原の油田開発は失敗に終わったのである。

海舟、門屋村に家を建てる

話を明治初年に戻そう。駿河に移住した海舟は、河原町新通川越丁の仮住まいを経て鷹匠に落ち着いた。その後、海舟が門屋（現静岡市葵区門屋）に家を建てたことは地元でよく知られているが、『日記』にはその顛末《てんまつ》が記されている。

明治初年の『日記』に、牛妻村の介（助）左衛門（姓は荻野。『日記』には主に「介左衛門」と表記されるが、本稿では地元の史料に出てくる「助左衛門」と表記する）と門屋村の白鳥惣左衛門という人物が登場する。この二人との出会いにより、海舟は門屋に家を建てることになる。

助左衛門との出会いは、明治二年六月八日のこと。この頃の『日記』には、静岡藩による北海道十勝開拓や中条からの牧之原開墾の相談が記されている。次に助左衛門が『日記』に登場するのは年が明けた明治三年一月十五日。「助左衛門、惣左衛門譲り地所之事頼む」とあり、海舟が助左衛門を通じて惣左衛門に地所の譲り渡しについて相談を持ちかけたことがわかる。

ここで改めて、荻野助左衛門と白鳥惣左衛門を紹介しよう（以下、「助左衛門」、「惣左衛門」と表記する）。助左衛門は、牛妻村（現静岡市葵区牛妻）で中世以来の土豪である荻野家の人物で、荻野家は江戸時代には村役人を務めており、牛妻の福寿院には助左衛門が奉納した涅槃図が今も残されている。

一方の惣左衛門は、牛妻村の南隣に位置する門屋村の名主を世襲した白鳥家の生まれで、幕末から明治前期にかけての当主である。惣左衛門は、幕末には安倍川沿いの村々の代表である「郡中惣代」も務めた地域リーダーであった。また、安倍川・藁科川沿いの茶産地の村々が、駿府茶問屋と茶流通の主導権を巡って争った「嘉永茶一件」では、駿府茶問屋に頼らずに茶産地の茶荷物を江戸や横浜に移出する「茶会所」の運営を任された人物である。これまで海舟は惣左衛門と意気投合した、または牛妻と門屋の景観が気に入って門屋村に家を建てたと地元では言われてきたが、惣左衛門の地域リーダーとしての実績や、茶業に関する知識と実績もその要因と言えるかもしれない。また、これまで惣左衛門と海舟の関係は知られていたが、助左衛門との関係については知られていなかった。

村に迷惑はかけない

海舟と助左衛門、惣左衛門の地所譲り渡しの交渉は、明治三年一月十八日の『日記』に「助左衛門、惣左衛門同人地所譲り申すべし、ともかくも一覧之事也」と、海舟が門屋村にある惣左衛門の地所の確認を求めていたことがわかる。

海舟庵の内部（静岡市葵区門屋　宝寿院）

二月に入ると、海舟は「門屋村名主惣左衛門其外」宛てに一点の文書を送った。内容は「門屋村の土地を譲り受けて家を建てるからには、権威を振りかざして難題を言うことはもちろん、無賃で人を使うこともしないので、安心してほしい。全て村の決まりに従う」というものである。

海舟が述べたことは、明治維新後に旧幕臣を受け入れた駿府周辺農村で頻発した問題が背景にある。それを海舟自らが「そのようなことは決してしない」と宣言することで、領民の不安を払拭《ふっしょく》しようとしたのである。

その後、三月十一日の『日記』には、助左衛門が海舟に対して惣左衛門への礼として二百両を遣わすように言ったと書かれている。同二五日には惣左衛門の地所譲り受けの話がまとまり、二八日に海舟は門屋村の地所二反八畝余りを金一六五両で購入した。屋敷を建てるための材木は惣左衛門から二十五両で購入、屋根に葺《ふ》く萱《かや》は助左衛門から六両で購入した。海舟が門屋村に家を建てたのは年老いた母信子の隠居家とするためだったが、ちょうどこの頃信子は体調を崩し門屋村の家に行くことなく亡くなった。海舟自身も静岡藩と明治政府の間の橋渡しに奔走していたので、門屋村に行くことはほとんどなかった。

海舟は、門屋村の居宅を明治十五年頃には惣左衛門に再び譲ったようである。居宅は白鳥家の屋敷内に移築されて保存されたが、戦後の昭和三二年には門屋の宝寿院に寄贈され、「海舟庵」と名付けられて現在に至っている。このような経緯もあり、白鳥家には海舟関係の史料が多く残されているようである。『静岡市史　近代資料編』には、白鳥家所蔵史料として、海舟が惣左衛門に宛てた書簡のほかに、大久保一翁を始めとした静岡藩の人物から海舟に送られた書簡などが掲載されている。

梅ヶ島金山開発計画

海舟と助左衛門、惣左衛門の関係はしばらく続く。静岡藩は、茶業だけでなく塩田開発や相良油田の開発などさまざまな事業を行っていたが、梅ヶ島の開発が計画されていたことはほとんど知られていない。梅ヶ島金山は、戦国から江戸時代前期にかけてはかなりの量の金を産出していたが、十九世紀に入る頃にはほとんど産出されなくなっていた。

梅ヶ島金山のことが『日記』に登場するのは、海舟が門屋村の土地を購入し家を建て始めてから約一年が経った明治四年二月十九日の事である。「（大久保）一翁へ梅ヶ島金山掘方之相談」とあり、梅ヶ島金山のことについて、海舟と大久保一翁が話し合いを持ったことがわかる。この四日前の二月十五日の『日記』には、「相原安二郎（開墾方頭取）、梅ヶ島御林伐木之事惣左衛門願御許容之様談す」とある。この時は御林の伐採に関する内容だが、海舟が惣左衛門を通じて梅ヶ島金山に関する情報を得ていたのかもしれない。

この後、二月十八日から二三日にかけて梅ヶ島金山に関する記事が連続して登場する。二十日、海舟は惣左衛門及び梅ヶ島村の組頭二名と金堀について相談し、大久保一翁へ報告している。梅ヶ島金山のことはすぐに藩上層部の知ることとなったようで、翌二一日の『日記』には、「惣左衛門へ金堀代之内弐百両渡す、溝口八十郎（徳川家達家令）、金山之事談承知」と金堀のための費用が惣左衛門に渡され、金山の事については藩主家達も承知したということがわかる。翌二二日には再び溝口から「梅ヶ島金山手当」として三百両が届けられた。さらに翌二三日には、海舟は再び大久保一翁のもとへ出向き、梅ヶ島金山の事について相談している。

この後、三月は梅ヶ島金山に関する記事は『日記』において見られないが、四月になると五日の記事に「惣左衛門、知事殿（徳川家達）梅ヶ島見廻之事談す」とある。家達が直接梅ヶ島を視察する計画があったのだろう。実際には家達が梅ヶ島に行くことはなかったようであるが、海舟は翌五月十一日にも梅ヶ島村に渡すための金子百両を惣左衛門へ預けている。

このように、静岡藩は惣左衛門を通じて梅ヶ島金山開発のために多額の支出をしたが、その結果は『日記』には記されていない。最後に梅ヶ島金山の事が『日記』に登場するのは明治五年二月二六日、「梅ヶ島へ遣わし候金子五百七十両ばかり、又々二百（「両」欠か）ばかり渡し候旨、滝村（滝村鶴雄：家達家扶）言う」とあり、梅ヶ島金山の開発に五百七十両を出したが、また二百両を渡したと読める。この後、梅ヶ島金山に関する記事は『日記』には登場しなくなる。金山開発が成功していたのであれば、これまでの研究でも触れられているはずなので、おそらくは事業として失敗したのであろう。

小鹿《おしか》村の出島甚太郎（竹斎）

助左衛門、惣左衛門と並び、海舟とつながりが強かった静岡の人物に小鹿村の出島甚太郎がいる。甚太郎の名は、海舟の駿河移住の時に山原村の吉川東一郎とともに登場した。甚太郎は、文化十三年（一八一六）に生まれた。若い頃から神社仏閣を遊歴するとともに国学を学んだ人物である。

静岡藩成立後は、甚太郎は海舟の駿河移住に関わったのを機に、静岡の民情を知る人物として海舟や大久保一翁の諮問を受けるようになった。また、渋沢栄一の商法会所が常平倉と改称した後は、地元の豪農代表として常平倉の運営に参画した。

明治三年閏十月に静岡藩権大参事を辞した一翁は、甚太郎の居村である小鹿村を隠居の地と定め、翌二月には新居を建てて家族と共に移住した。静岡藩と甚太郎の関係の深さがうかがえるエピソードである。

甚太郎は、廃藩置県後も海舟と長く付き合った。廃藩置県後の明治五年、甚太郎の姿は久能山にあった。甚太郎の後半生は久能山の存続に奔走した人生だったと言える。

久能山は、江戸時代には東照大権現徳川家康が眠る聖地として幕府の管理下にあり、通常の神社のような氏子組織は持たなかった。明治維新後の久能山には、徳川家が江戸から持参した宝物が持ち込まれた。しかし、廃藩置県となると今度は宝物類を徳川家達邸に移すことが決まり、江戸時代に久能山領であった大谷村などから徴発された人足の手で、静岡浅間神社前にあった家達邸に運び出された。運び出されたものは歴代将軍の具足、ソハヤノツルキをはじめとした宝剣、さらに金屏風などである。

この明治五年は久能山にとっては大きな変革の年であった。二月には江戸時代以来久能山に奉仕してきた社人（神主）が廃止され、従来の運営体制からの変更を余儀なくされた。この頃、甚太郎は地域の行政担当者である戸長を務めており、新たに誕生した静岡県からの「東照大権現」の扁額取り外しや五重塔解体の命令を取り次ぐなど、久能山とのつながりを強めた。翌明治六年七月には久能山の相談役を務め、久能山の収納米（明治政府から支給される米の下げ渡し）復旧を強く求めた。

久能山の維持に尽力した甚太郎は、明治九年の『日記』には竹斎と記されている（以下、甚太郎のことを竹斎と表記する）。この年、竹斎は駿府城内にあった家康の御手植えと伝わる梅「実割梅《みわり》」（実が熟すと種が二つに割れることから名づけられた）を東照宮境内に移植した。東照宮境内の唐門下には、このことを記念した石碑が今も建っている。

通常、神社や古戦場跡などには明治以降にさまざまな石碑（記念碑）が建てられ、それらは神社とともに地域の歴史を感じることのできる「史蹟」を形成する要素となっていく（静岡市の静岡浅間神社や掛川市の高天神城、浜松市の三方原周辺が典型的な例である）。しかし、久能山に限って言えば、麓には他の神社と同様に忠魂碑も建っているが、山上にあるのはこの竹斎の碑だけである。『日記』によれば、この石碑は竹斎が海舟に頼んで建てたものであり、先に述べた実割梅の解説は海舟自身の撰文である。

久能山宮司となった竹斎

竹斎の努力もあり、久能山は明治十一年には県社に列せられ「復興」を果たした。竹斎は、翌明治十二年に現在の宮司に当たる第一祇官となり、明治二十年まで務めた。竹斎の事績の中で特徴的な事として、東照宮の観光地化を推進したことが挙げられる。徳川家が全面的に庇護していた江戸時代とは異なり、明治時代の久能山は自力で経営を成り立たせる必要があった。そこで竹斎は、「久能山真景図」という観光マップのような絵図を作成、配布して参詣を促した。この図の中には、久能山の麓で今も経営を続ける石橋旅館と思われる建物も描かれている（真景図は当初久能山が主体となって作成していたが、明治三十年代以降は石橋旅館など観光業者が作成するようになった）。

竹斎の事績として、徳川家達が廃藩置県後に東京へ持ち出した具足や宝物刀剣を久能山に戻したことはすでに述べた。『日記』には、「久能山刀之事」とあり、海舟が得意な刀剣について気

大久保一翁
（国立国会図書館ウェブサイト）

山岡鉄舟
（国立国会図書館ウェブサイト）

に留めていたことがうかがえる。また、明治十八年二月二三日の『日記』には「久能山へ将軍家御真筆類相納候事取極め」とある。さらに三月十六日の『日記』には、将軍家御真筆類のことのほかに、「三位殿（家達）より竹斎七十賀につき遣わされ物云々」とあり、家達が竹斎の七十歳を祝う品を贈ったことが書かれている。

竹斎は、久能山でこれらの宝物を保管するだけでなく、久保侗《おろか》という中原村（現駿河区中原）の豊秋黌《ほうしゅうこう》で教鞭を執っていた人物を現在で言う学芸員的な立場で招き、宝物の陳列を始めた。宝物展示による久能山参詣客獲得を目指したのである。

明治二十年、竹斎は七十二歳の生涯を閉じた。竹斎の生前の徳川家及び久能山に対する功績を称え、海舟、一翁、鉄舟は追悼碑を建立した。この石碑は

勝海舟
（国立国会図書館ウェブサイト）

数年前までは久能山の麓の鳥居のたもとに置かれていたが、撤去されてしまったようで現在は台座だけが残されている。幸いにも、私は撤去される前に碑文を解読していた。碑文には、「竹斎の死を勝君（海舟）がひどく悼み、徳川公（家達）へ頼み、久能山下へ碑を建てることになった」と記されていた。石碑の題字は山岡鉄舟、本文は大久保一翁によるもので、静岡藩を代表する三人にとって竹斎の存在が大きかったことがわかる。

結びにかえて

明治維新後の勝海舟については、これまでさまざまな角度から研究が進められてきた。海舟の人生を追った評伝的な著作物も多い。一方、静岡藩時代の海舟については、樋口雄彦氏の研究に代表されるように、旧幕臣たちの支援や静岡学問所、全国の藩へ静岡藩士を「御貸人」として派遣するといった、教育面の研究が中心であった。

これら分厚い研究が積み重ねられてきた明治維新後の海舟について、正面から取り扱うことは私の力量をはるかに超えるものであり、そもそも適任ではない。そこで、私がここ十数年の間に静岡県内各地の史料と向き合う中で得たさまざまな分野の知見を、勝海舟をキーワードに再構成したのが本稿である。

海舟が家を構えた門屋村の惣左衛門については、私のもともとの研究である安倍川・藁科川流域の茶生産・流通に関する研究の中で注目していた人物である。出島竹斎については、静岡市文化財課在職時に担当した『久能山誌』編さん事業の中で得た知見をもとにしている。また、牧之原開墾については島田市博物館在職時に展示を担当する中で得た知見を、静岡藩の駿河移住については、『静岡県史　別編4　人口史』の分担執筆を担当する中で得た知見をもとに再構成した。

海舟は晩年、さまざまな場で幕末以来自分が経験したことを語った。これらは、『勝海舟全集』などで活字化され、誰もが触れることができる。一方で、海舟が語った内容が必ずしも正しいわけではなく、誇張された表現や自らを正当化するような内容も少なくないと言われている。『日記』の内容をそのまま鵜呑みにするだけでは、史実にたどり着けない。

そこで本稿は、『日記』に登場する静岡の人物や出来事に導かれながら、地元静岡に残された史料を駆使して『日記』の内容を検証するとともに、そこでは触れられていない地元の出来事も補足的に紹介した。本稿が勝海舟研究の中でこれまであまり触れられてこなかった「勝海舟と静岡」に関して新たな論点を提供するとともに、関連史料の発見が進むきっかけとなれば幸いである。

参考文献

安藤優一郎『渋沢栄一と勝海舟』朝日新聞出版、二〇二〇年
樋口雄彦『人をあるく　勝海舟と江戸東京』吉川弘文館、二〇一四年
樋口雄彦『見る読む静岡藩ヒストリー』静岡新聞社、二〇一七年
『勝海舟関係資料　海舟日記』（一～六）江戸東京博物館、二〇〇三年～二〇一七年
『久能山誌』静岡市、二〇一六年
『静岡県史　別編4　人口史』静岡県、二〇二一年
杉山容一『徳川幕臣団の解体と静岡藩』東北史学会編『歴史』一二三号、二〇一四年
岡村龍男『渋沢栄一と静岡』静岡新聞社、二〇二一年

著者　エドワード・ウォレン・クラーク

1849年、アメリカ・ポーツマス生まれ。1871（明治4）年に来日し、静岡学問所および開成学校（東京大学の前身）で理化学を中心にさまざまな学問を教えた。キリスト教の普及にも貢献し、1875（明治8）年に帰国。著書に『日本滞在記』（飯田宏訳、講談社、1967年）他。1907年没。

訳　E.W. クラーク顕彰事業実行委員会

メンバー（五十音順）：石川敏之・小島聡・今野喜和人・柴田ひさ子・中村恵太・吉見佳奈子

訳者代表　今野喜和人

静岡大学名誉教授。東京大学人文科学研究科博士課程満期退学。博士（文学）。専門は比較文学文化。リュファン『永遠なるカミーノ』（春風社、2020年）など、仏語・英語の翻訳書多数。

特別寄稿　岡村龍男

豊橋市図書学芸員。駒澤大学人文科学研究科歴史学専攻博士後期課程単位取得退学。専攻は日本近世史。著書に『渋沢栄一と静岡 改革の軌跡をたどる』（静岡新聞社、2021年）がある。

勝《かつ》安《あ》房《わ》〈日本のビスマルク〉

――高潔な人生の物語

2023年12月5日　初版発行

著者　エドワード・ウォレン・クラーク

訳　E・W・クラーク顕彰事業実行委員会

発行者　大須賀紳晃

発売所　静岡新聞社

〒422-8033

静岡市駿河区登呂3丁目1番1号

TEL 054-284-1666

印刷・製本　藤原印刷株式会社

ISBN978-4-7838-1098-8 C0221

＊定価は表紙カバーに表示しています。